Abrazar hasta el último aliento

ABRAZAR HASTA EL ÚLTIMO ALIENTO

Perder el miedo a la muerte de un ser querido
desde el amor, la compasión y el cuidado

MIRIAM ISRAEL

Grijalbo

El papel utilizado para la impresión de este libro ha sido fabricado a partir de madera procedente de bosques y plantaciones gestionadas con los más altos estándares ambientales, garantizando una explotación de los recursos sostenible con el medio ambiente y beneficiosa para las personas.

Abrazar hasta el último aliento
Perder el miedo a la muerte de un ser querido desde el amor, la compasión y el cuidado

Primera edición: septiembre, 2022
Primera reimpresión: febrero, 2023

D. R. © 2022, Miriam Israel

D. R. © 2023, derechos de edición mundiales en lengua castellana:
Penguin Random House Grupo Editorial, S. A. de C. V.
Blvd. Miguel de Cervantes Saavedra núm. 301, 1er piso,
colonia Granada, alcaldía Miguel Hidalgo, C. P. 11520,
Ciudad de México

penguinlibros.com

ISBN: 978-607-381-995-4

Impreso en México – *Printed in Mexico*

A mis hijos Brenda, Elisa y Ariel, quienes siempre han sido mi motor en la vida para intentar dejar un mundo un poquito mejor del que encontré, y que ahora también incluye a mis nietos Sara, Antonio y Daniela.

A Lidia, mi compañera de vida.

Índice

Índice de testimonios

Prólogo

Este libro es un documento que toda persona debe tener, y con más razón si se dedica a los cuidados paliativos, incluyendo la tanatología.

La autora, paliativista y tanatóloga con amplia experiencia, vierte sus conocimientos y experiencias en una forma amena, ordenada, conocedora y conmovedora, y con gran sensibilidad nos enseña los conceptos fundamentales para ayudar a bien morir, en esencia a través del amor, y evitando, en lo posible, el miedo a la fase final de la existencia terrenal.

Paso a paso, nos señala cómo debemos considerar una nueva visión frente a la muerte; dicho de otra manera, en realidad nos hace partícipes de sus experiencias en pacientes con enfermedades terminales no curables, vivencias todas muy valiosas, que va ejemplificando con verdaderos casos clínicos en los que participó directamente.

Más que un tratado sobre cuidados paliativos, nos muestra la humanización, la sensibilidad y los conocimientos con que debemos contar al tener la responsabilidad de tratar con enfermos en estadios terminales, así pues, como menciono antes, este libro es una excelente comunicación para el público en general, porque nos demuestra cómo mantener la calma y las buenas atenciones e intenciones ante los diversos comportamientos no sólo de los enfermos, sino también de los familiares, los cuidadores, incluso de los amigos; qué hacer en estos casos.

La autora toca directamente temas como las cinco etapas del proceso de duelo, muy conocidas por los expertos, pero desconocidas por muchas personas no enteradas a fondo del tema en cuestión. Los cuatro pasos de la sanación, muy importantes consideraciones al comunicar y despedir al ser querido, y a veces, como ilustra con el caso, simplemente para demostrar nuestros buenos sentimientos a la persona a quien queremos.

Otro tema que trata es el de la familia como acompañante del paciente, los roles que cada uno de sus miembros tiene que asumir ante la incapacidad total del enfermo terminal. O también, cómo dar mejor calidad de vida a los enfermos en estas etapas avanzadas de la enfermedad.

Así, menciona diferentes situaciones que comprometen la calidad de vida de los pacientes y las respectivas atenciones que debemos considerar. Una tras otra describe las cualidades de los cuidados paliativos, como tema cardinal. Y, muy importante, las diferencias entre el luto y el duelo, que no son lo mismo, lo cual atañe directamente al paciente, a los familiares e incluso al cuidador primario.

Un tema esclarecedor es la muerte esperada, que la mayoría de las personas sabemos que va a ocurrir, pero en general respondemos de diferente manera. Por último y como corolario, la autora describe brevemente, pero con gran acierto, varios casos clínicos, basados en la vida real, y cómo actuó en cada uno, de acuerdo con su amplia experiencia, sensibilidad y humanismo.

En resumen, se trata de una obra diferente, que nos sitúa en la realidad de la vida, frente a la muerte, escrita con sencillez y accesibilidad.

DOCTOR RAMÓN DE LILLE FUENTES
Enero de 2022

El camino del alma

Miriam Israel nos entrega una guía maravillosa que no debe faltar en ningún hogar.

Desde el punto de vista espiritual nos regala conceptos elevados que siempre deben estar presentes en nuestra vida, más aún tratándose de momentos trascendentales como es la migración del alma a otros planos. Miriam nos habla de amor, de empatía, de sacrificio, de entrega, de responsabilidad... Se comunica con nosotros a través de las situaciones reales que ella ha vivido, en las cuales ha descubierto que solamente a través de la unión entre los familiares del enfermo se pueden crear las condiciones ideales para la transición del alma.

Sus relatos vivenciales también nos muestran cómo las envidias, las luchas de poder, el odio, el egoísmo y otras pasiones son catalizadores de situaciones caóticas, donde el alma sufre para desprenderse del cuerpo. A través de su libro aprendemos y comprobamos que el único camino viable para la armonía universal es el amor.

Entre todos los temas que aborda, Miriam nos regala un capítulo que se hace necesario cuando hablamos de la muerte; me refiero al tema de la reencarnación, tópico indispensable en el entendimiento total acerca de los viajes del alma en su camino a la perfección.

Frases como "El duelo no es un proceso de olvido, sino de aprender a recordar sin dolor" y "Buscar la opción de darle vida a los días cuando no podemos añadir días a la vida" envían mensajes muy poderosos que no deben olvidarse.

En resumen, se trata de una lectura fácil, clara y directa. Disfrútala y hazla tuya.

ABRAHAM ASKENAZI
Instructor de cábala en Shomrim Laboker
Abril de 2022

En busca de la paz interior
en el proceso de la pérdida

Para quienes en nuestra tarea pastoral acompañamos a las personas en los diversos rituales por los que transitan a lo largo de su vida, es evidente que la muerte es el más difícil de todos ellos. Durante ese trance descubrimos la casi nula preparación que las personas tienen para enfrentarlo, en especial para tomar decisiones. Resulta siempre curioso ver cómo cuanto más educadas son, más dificultosa es la tarea. Es un hecho que a lo largo de la vida somos educados para acumular, por lo cual dejar ir es un desafío que muy pocos pueden no sólo entender, sino aceptar. Nos bloqueamos, nos paralizamos, mezclamos emociones personales con la visión triste de "cómo estaremos nosotros" por esta nuestra pérdida. Y olvidamos la perspectiva de quien está preparándose para partir, nuestro ser querido.

Lo he presenciado centenares de veces. He visto cómo el egoísmo, a veces consciente, otras no, termina haciendo que quienes rodean a quien está agonizando acaben colocando a la persona en segundo plano y perdiendo cualquier objetividad. Y en lugar de tener la madurez de dejar ir, actúan como niños caprichosos que sólo piensan en sí mismos. Pocas son las experiencias en las que pude escuchar que existía la capacidad de capturar el momento en su total dimensión, y se podía pensar en la agonía de quien estaba en sus últimos hálitos de vida.

Claro que este ejercicio de apoyo y ayuda a tiempo, tanto para el paciente como para la familia, abre las puertas no sólo a una separación con herramientas emocionales y auxiliares que nos darán paz de espíritu y calma, sino también nos permitirán vivir nuestro proceso de duelo de una manera natural.

Abrazar hasta el último aliento es una muy necesitada orientación y enseñanza para quienes deben enfrentar estos momentos tan difíciles y delicados en la vida familiar, cuando un ser querido está en la etapa final de su existencia. El libro llega para mostrarnos un camino aún poco transitado, que requiere de cada uno de los dolientes una preparación y la toma de conciencia de una tarea, de un recorrido y no apenas de un hecho aislado. Acostumbro a decir que la muerte es un evento y el duelo un proceso. Cómo nos preparamos para la muerte se refleja en cómo fue la preparación para dejar ir y cómo viviremos nuestro proceso de duelo. He tenido la oportunidad de compartir múltiples casos con Miriam, donde su trabajo siempre ha sido reconocido como fundamental para ayudar a los deudos a encontrar el equilibrio y la paz tan necesitados en estos momentos.

Recorriendo sus páginas encontraremos la experiencia que ella nos comparte como una ayuda invaluable para que tomemos conciencia, para que ajustemos nuestras emociones y para encauzarnos a transformar este camino tan difícil de recorrer y a la vez imposible de negar en un proceso que traiga luz a nuestra oscuridad interior, una caricia a nuestro corazón y esperanza para poder seguir avanzando en nuestra vida habiendo cerrado un círculo, algo tan difícil para tanta gente que sigue arrastrando su dolor en lugar de disfrutar las memorias compartidas. Un maestro jasídico, rabí Najman de Breslov, enseñó que: "Todo el mundo es un estrecho puente que debemos cruzar. Y lo importante es no temer".

Este pensamiento es una realidad inevitable. Y Miriam, una paliativista y tanatóloga profesional, con sensibilidad y empatía en su tarea, nos ayuda a cruzarlo sin miedo, con amor, con ternura, con un dolor controlado y con una actitud responsable: la de aceptar la ayuda para que paciente y familia, juntos, puedan hacer este proceso uno de bendición, agradecimiento, amor y eternidad.

RABINO EMÉRITO MARCELO RITTNER
Abril de 2022

Introducción

> Quitar el miedo a la muerte es dar vida en plenitud.
>
> MARTIN HEIDEGGER

Como consejera familiar paliativista, en los últimos 10 años he acompañado a más de 300 familias en el proceso de prepararse para despedir a un ser querido que estuviera próximo a fallecer. Las he conducido a transitar los momentos más vulnerables, guiándolas para que tomaran las mejores decisiones posibles, de acuerdo con su realidad, y buscando siempre mejorar la calidad de vida del paciente, hasta el final.

Este libro es una recopilación de algunas de las historias de éxito y fracaso que he vivido a lo largo de mi carrera profesional. Todas ellas están basadas en los testimonios compartidos por algunos de los familiares que estuvieron cerca del paciente fallecido. El contenido es un resumen de lo que necesitas saber acerca del final de la vida de una persona, lo cual te permitirá disminuir el miedo ante lo desconocido y te ayudará a vivirlo con amor, evitando el desgaste físico, emocional y material de la familia.

El sufrimiento habitualmente se genera por tener expectativas irreales, inalcanzables, de sanación. Ante ello, decidí escribir este libro con la finalidad de que las personas que enfrentan una situación similar lo puedan transitar sin tanta desconfianza y puedan tomar decisiones asertivas.

El miedo es el monstruo de esta película, es la gran limitante que impide moverte y hasta puede llegar a paralizarte. La mejor manera de enfrentarlo es a través del conocimiento; la capacitación te dará la certeza de que cuentas con los instrumentos necesarios para hacerlo.

Considero que conocer de forma anticipada algunos de los signos y síntomas que se pueden esperar al final de la vida te ayudará a compararlos con lo que tú estás viviendo, podrás identificar algunos y validar lo que vive tu paciente como algo natural.

Adquirirás técnicas que te darán una visión diferente sobre la vida y la muerte, lo que te permitirá vivir la enfermedad y la transición de tu ser querido de forma natural, sin demasiada angustia; podrás despedirlo en vida y quedarte con la satisfacción del deber cumplido. Estarás en posibilidad de disfrutar el tiempo que le quede.

Aprenderás a utilizar una sencilla serie de cuatro pasos de sanación que he desarrollado, uniendo diversas disciplinas y enseñanzas antiguas, lo que ha dado excelente resultado a cientos de personas, y que seguramente también a ti te ayudarán para cerrar y concluir el ciclo de vida con tu ser querido.

Deseo que tú, lector/lectora, descubras aquí el nombre y apellido de esos monstruos que el miedo ha creado dentro de ti, e identifiques cuál es el que te genera pavor: si es el diagnóstico, el pronóstico, algún asunto pendiente o el miedo a imaginar la vida futura sin tu ser querido; puede ser a vivir el momento preciso del fallecimiento y no saber qué hacer, o temor a que tu ser querido sufra y no poder ayudarlo, entre otros.

Si eres profesional del sector salud, este conocimiento, aparte de tu crecimiento personal, también te servirá para poder apoyar a los familiares de tus pacientes que viven esta experiencia, y podrás ayudarlos a transitar por este camino de una manera menos dolorosa.

Reconocer lo que sucede cuando el paciente deja de comer, agrede a quien esté cerca de él, deja de hablar, manifiesta que ve imágenes imperceptibles para los demás, o dice que quiere irse a casa, entre muchos otros ejemplos, es sumamente importante. Todas éstas son señales claras y precisas de que el fallecimiento está próximo, y en lugar de angustiarse por no comprender al paciente y solicitar medidas extraordinarias para "salvarlo", podrán realizar una despedida con calma y encontrar la paz para todos.

Podrás identificar las cinco etapas del duelo que generalmente se viven ante cualquier tipo de pérdida, lo que te ayudará a validar las emociones que todos están viviendo y contribuirá a mejorar la comunicación entre los miembros de la familia y el paciente, evitando los pleitos y resentimientos, ya que se darán cuenta de que nada es personal, y sabrán que las reacciones que se presentan son causadas por el dolor que todos están viviendo, cada quien de acuerdo con sus propias experiencias y herramientas de vida.

Las vivencias que aquí te comparto se repiten constantemente en un alto porcentaje de las familias con las que he tenido el privilegio de trabajar, lo que me permite hacer una validación. Deseo que el compendio de casos ilustrativos te ayude a entender con mayor claridad qué hacer y qué no hacer al final de la vida de tu ser querido, para que puedas vivirlo sin miedo y con el menor sufrimiento posible.

Las evidencias aquí expuestas son temas que, a mi parecer, no han sido abordados profundamente, ni desde el punto de vista de la tanatología ni desde la perspectiva de los cuidados paliativos. Los expertos en ambos temas mencionan algunos de los conceptos aquí descritos, pero dentro de otros contextos, y no con una visión orientada al tema de los signos y síntomas al final de la vida desde el aspecto físico, emocional y espiritual.

La lectura y comprensión de este libro ayudará a evitar el desgaste de los integrantes de la familia, ya que podrán identificar el momento necesario para aceptar la situación en la que se encuentran, dejar de buscar una sanación, y cambiar el enfoque para buscar brindarle calidad de vida al paciente hasta el final, a través de los cuidados paliativos.

El cuidador primario se podrá dar cuenta de que no está solo, y sabrá que puede y debe solicitar apoyo de forma adecuada, esperando una respuesta familiar positiva; los familiares asumirán esa necesidad brindando la ayuda requerida. Aprenderán el arte de la escucha consciente, lo que sin duda mejorará la comunicación entre todos.

A través de la lectura de este libro podrás adquirir las herramientas necesarias para encarar ese difícil momento, las cuales te ayudarán a encontrar la entereza y las fuerzas suficientes para enfrentar el próximo fallecimiento de tu ser amado. Podrás perder el miedo a la muerte para poder vivir el final en plenitud.

Los hechos descritos son historias reales, sólo he cambiado los nombres (en la mayoría de los casos) para resguardar su identidad. Las evidencias se repiten constantemente en un alto porcentaje de las familias, por lo que las he integrado en una historia para hacerlas más ilustrativas.

SARITA, mi examen profesional

Sarita era mi madre, una mujer espectacularmente elegante, con mucho porte, siempre bien arreglada y lista para salir a disfrutar el momento. Era una excelente anfitriona, le encantaba organizar reuniones y recibir gente en su casa; gracias a ella yo aprendí desde pequeña el concepto del servicio y voluntariado.

Mi papá falleció en México de enfisema pulmonar en 1985, y tiempo después mi mamá se volvió a casar con otro hombre maravilloso, Manny, y se fue a vivir con él a Florida, en los Estados Unidos. Cuando Manny enfermó de cáncer, ambos me contaban sobre los increíbles servicios que estaban recibiendo del Sun Coast Hospice en Tarpon Springs, Florida.

Fue gracias a esta triste experiencia que yo conocí el modelo de atención de cuidados paliativos, hecho que cambió mi vida, ya que cuando fui a despedirme de él a Florida observé la maravillosa labor que ahí realizaban con los enfermos en fase terminal y con sus familias, y fue entonces cuando decidí que lo quería replicar en mi país.

Uno de los hechos que más me marcó fue cuando llegó a la casa una voluntaria con un paquete de pañales para adultos y se lo entregó a mi mamá, quien sorprendida lo rechazó argumentando que ahí no lo necesitaban, pues Manny tenía control de esfínteres. La chica voluntaria, con mucha empatía, le dijo a mi mamá: "Guárdalos, Sarita, los van a necesitar". Aún recuerdo su cara de asombro.

La relación con mi mamá era lejana, hacía más de 20 años que ella no vivía en México y, a pesar de que hablábamos por teléfono una vez a la semana y nos hacíamos visitas una vez al año, no había mucho en común, aunado a que teníamos una historia de incompatibilidad y algo de celos por mi papá.

Tiempo después del deceso de Manny, mi mamá conoció a Robin, con quien vivió nueve años. En la última visita que les hice, en diciembre de 2013, observé que ambos estaban atravesando por una especie de demencia senil, e intenté buscar un asilo donde pudieran estar los dos juntos con supervisión y apoyo. Robin se negó rotundamente a que los movieran de su casa, y mi mamá lo apoyó. Yo sólo respeté su decisión.

En abril de 2014 recibí una llamada telefónica de una vecina y amiga de mi mamá, quien me informó que Robin había ingresado al hospital por neumonía y se quedaría ahí por algunos días; que no sabía qué hacer con mi mamá ya que era totalmente dependiente y ella, la amiga, se tenía que ir a trabajar y no podía cuidarla. Al día siguiente llegué a Florida, y aquí es donde considero que dio comienzo mi examen profesional.

Al llegar a la pequeña ciudad de Tarpon Springs, donde ellos vivían, lejos de la mujer elegante, con porte y siempre bien arreglada, encontré a una mujer totalmente desvalida, dependiente, que necesitaba asearse y arreglarse con urgencia. La casa también estaba en muy mal estado y necesitaba una limpieza y acomodo profundos. En cuatro meses, desde mi última visita, el escenario se había descompuesto intensamente.

Pensé que era mi oportunidad para lograr moverla de esa casa, pero después de rebuscar por cajones, archivos y cajas, me percaté de que ella no contaba con pasaporte vigente, ni mexicano ni estadounidense, y no había forma de sacarla de ese país sin hacer el trámite necesario, lo que me llevaría cuando menos tres semanas.

Muy en contra de sus deseos, comencé a hacer la limpieza, iniciando con ella misma. Con mucho esfuerzo la metí a la regadera y poco a poco le fui quitando costras de mugre que tenía adheridas a la piel; muy pudorosa, me decía que ella se podía bañar sola, que le daba pena que tuviera yo que molestarme en hacerlo; le quité su puente dental y lo lavé a conciencia, cambié las sábanas y las toallas, y ordené lo que pude en la cocina y la sala.

Cuando ese día ella se durmió me quedé un rato en la sala, en silencio, para observar y analizar la situación. Estudié las posibilidades reales que tenía, y decidí aprovechar la oportunidad que la vida me daba para hacer un reencuentro con mi mamá. Me vinieron a la mente las experiencias que como consejera tanatóloga paliativista había tenido con las familias atendidas, y decidí poner en práctica lo que tanto había estudiado y pregonado.

Dejé mi trabajo totalmente a un lado, cancelé consultas y entrevistas que tenía programadas, y me dediqué a atenderla en cuerpo y alma. Decidí tratar de verla con otros ojos, dejar de lado nuestra historia y comenzar a conocerla sin meter en medio ni mi juicio ni nuestros antecedentes.

Conforme pasaban los días fui descubriendo en mí un amor y una paciencia para con ella que no sabía que podía tener, y le dije: "Mamita... permíteme ayudarte y acompañarte en esta etapa de tu vida, es un regalo que la vida me da, el poder retribuirte un poquito de lo mucho que tú me has dado". (Al escribirlo ahora se me vuelven a llenar los ojos de lágrimas.)

Nunca había tenido la oportunidad de decirle (ni de sentir) cuánto la quería; que estaba agradecida con la vida que me dio, dejar de pelear con ella por lo que yo creía que no me había dado, y valorar lo mucho que sí había recibido.

Dejé a un lado mis enojos, acumulados por muchos años, puesto que yo ya los había trabajado y superado gracias a mi trabajo de crecimiento personal y a las terapias y cursos realizados. Esto me permitía poder observarla y comprenderla sin prejuicio, respetar su manera de ser y aceptarla tal cual era, aunque yo no estuviera de acuerdo con ella ni con muchas de sus actitudes. Ella no era una mujer afectuosa, no sabía mostrar su cariño, y eso me había hecho falta en la vida.

Era mi tiempo de ceder y darle su lugar como mi madre, mi progenitora, el ser que me trajo al mundo a pesar de que ella ya no quería tener más bebés. Era mi momento de honrarla, reconocerla y decirle: "Tú eres la grande, yo soy la pequeña, pero necesito ayudarte en esta etapa de tu vida". "Tú eres mi mamá y yo soy tu hija, la chiquilla", puesto que, a pesar de ser la menor de la familia de cuatro hermanos, fui la que siempre asumió las responsabilidades y acciones necesarias para protegerla.

Un día después de bañarla a regañadientes tuve la oportunidad de aplicarle crema y darle masaje en los pies. Ella, con mucho agradecimiento, me decía: "¿Dónde aprendiste a hacer esto tan sabroso?" Fueron cuatro semanas de gozo para mí, sin que me hubieran importado sus ocasionales reacciones agresivas, en el entendido de que eran parte del duelo que ella también estaba viviendo.

Pude experimentar en ella claramente la conexión y desconexión que viven algunos adultos mayores, donde en un momento se sitúan en el presente y pueden mantener una conversación y reconocer personas en las fotografías, y un minuto después no tienen idea de quiénes son y pueden agredir a quien tienen a la mano, que generalmente es el cuidador primario.

Un día me comentó que alguien estaba entrando a la casa, moviendo las cosas, abriendo los cajones... le confirmé que era yo la que estaba tratando de hacer limpieza y buscando sus papeles para irnos a México. En ese momento abrió sus ojos grandotes y me dijo: "Primero muerta, yo no quiero ir a México, no tengo nada que hacer allá, yo no voy a México", y fue en ese momento en que pude ratificar sus enojos y resentimientos familiares, su deseo de no regresar, y comprendí su dolor.

Con tranquilidad y humildad le pedí que me permitiera llevarla a México mientras todavía podía caminar. Que me ayudara para transportarla con vida, y que, si una vez estando en México ella decidía irse, yo le prometía que la dejaría trascender, que la protegería para que nadie le hiciera daño. No me respondió, sólo me miró con sus ojitos tristes, sin brillo.

Para animarla un poco le ofrecí que me dijera 10 cosas que quisiera llevar a México, y de inmediato me respondió que su abrigo de piel, el que estaba en su clóset. Al preguntarle por la segunda prenda ya no obtuve respuesta, ya

estaba fuera de sí. Por fortuna me creyó y finalmente coo-
peró, de acuerdo con sus posibilidades, para realizar el viaje
varios días después.

Antes de viajar a México le organicé una reunión de
despedida con sus amigas, durante la cual mi mamá estuvo coherente y participativa como no la vi en las últimas
semanas. Hablando con ellas de las travesuras que hacían,
las fiestas, las reuniones y todo lo que compartieron, lo que
yo suponía había olvidado, pero con lo que la presencia de
sus amigas le había permitido volver a conectarse y recordarlo todo.

Gracias a esta convivencia con mi mamá experimen-
té en carne propia lo que viven un adulto mayor y su familia, cómo es que éste se conecta al presente y de repente se
desconecta, y puede parecer que está manipulando o que
no tiene coherencia en sus reacciones. Si a esto le sumamos
historias de vida de manipulación o victimización, la circunstancia se vuelve muy tensa.

Estoy segura de que ella no sabía quién era yo, pues no
me llamaba por mi nombre, sólo buscaba mi mirada, y cuando nos reunimos con sus amigas me presentó con ellas como
"una vieja y querida amiga", pero sé que en el fondo ella sabía
que podía confiar en mí. Quizá ella no sabía quién era yo,
pero yo sí sabía quién era ella, y con eso yo tenía suficiente.

Por fin llegó el pasaporte y un viernes viajamos a México; mi hijo nos recogió en el aeropuerto y le preguntó a mi
mamá qué quería comer. Con toda la naturalidad del mundo, ella le contestó: "Pues tacos", como si no hubiera otra
respuesta posible. Fuimos a comer, y cuando llegó la comida, mi mamá tomó y comió el taco con la elegancia que la
caracterizaba, con el dedo meñique parado.

Fuimos a la que era su casa, que ahora es la mía, y al entrar al edificio yo esperaba que diera muestras de que lo reconocía. Al ingresar al departamento le dije: "Mami, ésta es tu casa, ya llegamos a tu casa"; se paró en la puerta, observó todo y dijo que no era así. La llevé a hacer un recorrido por el departamento, y cuando llegamos a la recámara me dijo: "Aquí dormía con Pepe" (mi papá). Tuvo un momento de lucidez y luego se volvió a desconectar.

Al día siguiente la quería llevar al salón para que le arreglaran las uñas y la embellecieran como a ella solía gustarle, pensando que eso la ayudaría a sentirse bien... o mejor dicho, para que yo me sintiera bien al verla bella, elegante, arreglada, tal como recordaba que ella era. Su hermana me sugirió que no la sacara, que le permitiera ubicarse para que se ambientara y familiarizara con el lugar.

Mi hermana la mayor fue de visita a la casa el sábado; mi mamá no la reconoció bien y muchas veces me preguntó quién era ese hombre, el esposo de ésta (su yerno al que ella quería mucho, pero no reconocía). En la tarde entró Liana, la vecina, se pusieron a platicar de sus hijos y maridos, como si mi mamá nunca se hubiera ido del departamento.

El domingo en la tarde mi mamá me acompañó a una clase importante que yo tenía en Coyoacán. De regreso sentí la necesidad de llevarla en el coche a dar una vuelta por el centro de la ciudad, donde ella y mi papá habían tenido una tienda.

Conforme íbamos avanzando le mencionaba los nombres de las tiendas y restaurantes que había, y me dijo: "Qué bueno que tienes tan buena memoria". Al llegar a la calle de Venustiano Carranza y Bolívar comenzó a sonar el reloj chino que está afuera del edificio de Bancomer; mi mamá abrió grandes los ojos y con admiración y sorpresa identificó claramente el lugar donde había estado la tienda que ella y mi papá tenían justo enfrente.

Regresamos a casa y se acostó a dormir. Como a eso de las 12:30 am se sentó en la cama y comenzó a hablar en inglés y le pregunté que con quién estaba hablando (ahora imagino que era con Manny); siguió balbuceando de manera incomprensible y la recosté en mi hombro, y como a una pequeña, la arrullé.

A la mañana siguiente cuando me desperté, por intuición vi en ella señales de terminalidad, y le comenté a mi hijo que mi mamá estaba trascendiendo. Con incredulidad, él pensó que estaba bromeando. Llamé a mis hermanos y a su hermana para comunicarles mi percepción, y les ratifiqué el ofrecimiento hecho a mamá de no hacer nada médicamente para retenerla, y dejarla ir. Su hermana me reclamó, preguntando cómo era posible que no la llevara a ver a un médico o hiciera algo por ella, y me urgió a que llamara a la ambulancia, haciendo varios comentarios opuestos al ofrecimiento que yo le hice a mi mamá.

Traté de despertarla para que comiera, le humedecí los labios en diferentes ocasiones y le repetí varias veces los cuatro pasos de sanación. En la noche me acosté a dormir junto a ella, y a las tres de la mañana me di cuenta de que ya no respiraba; mi mamá había fallecido.

Para mí ha sido una gran satisfacción saber que pude acompañarla y apoyarla en sus últimos momentos, haber estado ahí para ella sin importar nuestra historia ni el ayer, sino sólo el aquí y el ahora. Fue un gozo que no tiene precio. Al final dejó de ser Sarita para convertirse en MI MAMÁ, a la que tomé y honré.

Esta gran experiencia me brindó las herramientas necesarias para poder compartir el hecho contigo el día de hoy, y ponerlo como ejemplo para beneficio de los demás, comprendiendo la importancia que tiene el no engancharse con el pasado.

Tuve la oportunidad de vivir en carne propia el dolor que me generó el sentirme mamá de mi mamá, y reconocer que yo soy la hija y ella la mamá, como había sido siempre, sólo que ahora ella necesitaba alguien que la cuidara y guiara. Fue entonces, cuando lo identifiqué, que le di su lugar y le pude decir: "Tú eres la grande, yo soy la pequeña; tú eres la mamá y yo soy tu hija".

El duelo *vs.* el luto

> La pérdida dura lo que tarda en aceptarse. El sufrimiento dura lo que tarda en comprenderse. Acepta, comprende y trasciende.
>
> Alfonso Ruiz Soto

Existe una gran confusión en cuanto al sentido que debe darse a los términos *duelo* y *luto*, y de acuerdo con diferentes diccionarios consultados la definición de *luto* es: "Dolor y pena causados por la muerte de una persona", "Demostración exterior que se hace para manifestar el respeto que se tiene por la muerte de alguien", pero también: "Observar durante algún tiempo los rigores de comportamiento y atuendo que son tradicionales, tras la muerte de un pariente o de una persona querida".

El luto se manifiesta en la ropa, en la voluntad de abstenerse de diversiones, adornos y otros objetos, dependiendo de las tradiciones del lugar, las costumbres religiosas o familiares; pero siempre es por el fallecimiento de una persona. Todos los rituales de luto son importantes para cada quien y se deben respetar.

Por otra parte, la definición encontrada de la palabra *duelo* es: "Sentimiento que hace sufrir por una pérdida", "Proceso de adaptación emocional que sigue a cualquier pérdida", "Proceso psicológico al que nos enfrentamos tras las pérdidas". Por lo tanto, debemos concluir que el duelo es la reacción normal que se vive ante cualquier pérdida, la cual puede ser física, material o emocional.

A lo largo de mi experiencia profesional he descubierto que la mayoría de los conflictos emocionales que las personas experimentan son causados por hechos dolorosos vividos años atrás, los cuales provocaron una herida profunda, y que fueron minimizados. Quizá ni siquiera fueron identificados como pérdidas en su momento, y no es sino hasta que se inicia una terapia tanatológica que comienza a desatarse el nudo de las emociones atoradas cuando sale a relucir el dolor.

Como ejemplo de duelos no vistos pueden ser citados: la pérdida de una mascota, por lo que decidiste no volver a tener una nueva o encariñarte con otra, por miedo al abandono; un aborto provocado en la juventud, lo que ahora evita que puedas volver a embarazarte; una violación o agresión sexual que te impide disfrutar una relación amorosa, por miedo a la traición, al abuso o al dolor que generó en su momento; un cambio de país, de casa, de trabajo, que impide establecer una nueva relación amistosa de confianza; el fallecimiento de un bebé en la familia, que te impide establecer un contacto amoroso con alguien por miedo a volver a sentir el dolor de perderlo.

Decía Mario Benedetti: "Tengo la teoría de que cuando uno llora, nunca llora por lo que llora, sino por todas las cosas por las que no lloró en su debido momento".

Las experiencias emocionales vividas se van guardado en el costalito del inconsciente para no verlas y que no duelan. Sin embargo, esas pérdidas se van quedado tatuadas en el subconsciente de tus emociones, y como si fueran el vapor de una olla exprés, si no encuentran válvula de escape, revientan.

Recordemos que toda pérdida no trabajada se acumula, y tarde o temprano tiene que salir. En algunas ocasiones lo hace a través de una enfermedad o desequilibrio físico, mientras en otras, por ejemplo, estallan en llanto ante la pérdida de un reloj que te regaló tu papá. Es como una taza de porcelana que está golpeada, y al menor roce se rompe en el momento más inesperado. Ante una nueva pérdida viene al presente el recuerdo de algo no trabajado y se juntan ambas generando un gran dolor.

Decía el doctor Sigmund Freud, padre del psicoanálisis: "Las emociones inexpresadas nunca mueren, son enterradas vivas y salen más tarde de peores formas".

La manera común en la que se manifiestan estos duelos no trabajados es a través de enfermedades en el cuerpo físico, afectando distintos órganos, pero desafortunadamente, por lo general, no se atiende la emoción generadora de la enfermedad y sólo se brinda medicamento para calmar los síntomas.

Brevemente te comento la relación que hay entre las emociones y los órganos, de acuerdo con la medicina ancestral. Todo lo que tiene que ver con enfermedad en los pulmones habla de tristeza; si es del hígado significa enojo; los riñones tienen que ver con miedo; páncreas con la incertidumbre; estómago representa lo que no digieres; las rodillas, que no te doblegas; matriz y senos la femineidad;

próstata y testículos la masculinidad; lado izquierdo es recibir y conflictos con mamá; lado derecho es dar y conflictos con papá. Parece muy sencillo y complejo a la vez. No quiero ahondar en este tema porque no es materia de este libro y ya existe mucha literatura al respecto; si te interesa profundizar en esto, te recomiendo comenzar por leer *Tú puedes sanar tu vida*, de Louise Hay.

El duelo no es un proceso de olvido, sino de aprender a recordar sin dolor. En este compendio sólo le daré el enfoque profundo dirigido al duelo que viven el paciente y su familia directa, ya que, aunque todos lo experimentan, no se tiene conciencia de ello, y genera grandes conflictos dentro de la familia.

El duelo que vive el paciente

El paciente vive su propio duelo desde el momento en que comienza a perder su salud; físicamente no se siente bien y de ser una persona autosuficiente comienza a perder su libertad y el control de su vida, y por lo tanto su bienestar. Otras personas empiezan a toman decisiones sobre su cuerpo sin tener en cuenta su punto de vista o sus deseos, y poco a poco comienza a requerir del apoyo de otros para llevar a cabo sus actividades más elementales, como comer solo o ir al baño. Se pierde a sí mismo, su libertad, su sentido de vida, la confianza, al tiempo que va perdiendo su autoestima y la paz interior.

El enfermo está a punto de perderlo todo, y siente mucho enojo ante la presión por parte de quien dice quererlo para que luche por vivir, cuando lo que él desea es ya prepararse para morir. Dicen los pacientes que es absurdo que alguien le diga al enfermo "échale ganas", como si él no quisiera vivir y necesitara que alguien externo se lo recuerde.

Al observar esto, podemos comprender que el paciente vive su propio duelo de igual manera que lo viven sus familiares, pero tanto unos como otro prefieren no hablar del tema, y entre ellos se genera la conspiración del silencio familiar creando una separación profunda, perdiendo la oportunidad de unirse. Es importante aprender a establecer una comunicación de manera honesta y directa.

Es posible que el paciente se aísle y no desee tocar el tema de su padecimiento, que no quiera ver a nadie ni recibir visitas; simplemente se aísla y, aunque tenga el televisor prendido, se pierde en sus pensamientos. El hecho de que quiera estar acostado con los ojos cerrados no quiere decir que esté deprimido y requiera antidepresivos, o que debamos estimularlo para levantarse. Lo que necesita es tener un espacio silencioso donde pueda estar con él mismo; precisa de tiempo y quietud para hacer un recuento de su vida, identificar sus pendientes y planear el tiempo que le queda; debemos ofrecerle nuestra compañía, pero siempre respetar su deseo.

Se le puede manifestar que estaremos cerca de él, al pendiente de lo que requiera, para cuando él desee compartir con nosotros. Es importante exteriorizarle que para poder apoyarlo es indispensable que sea claro y honesto, para no tener que interpretar sus necesidades ni atosigarlo con nuestros cuidados.

Tener la oportunidad de vivir una enfermedad terminal permite cerrar el ciclo de vida con todos los arreglos necesarios, tal como se harían preparativos para acudir a una graduación, ya que en realidad es la graduación de su vida. Las personas que contemplan la muerte como un hecho natural son las que menos sufren ante el evento; identificar y hablar de los miedos que se viven permite prepararnos e ir un paso más adelante, previniendo y solucionando lo más posible.

Si tú eres el enfermo, te pido por favor que seas honesto al transmitir a tus familiares lo que necesitas; pide lo que consideres necesario para poder cerrar tu ciclo en paz. Si tú eres el familiar o cuidador primario, pídele a tu paciente que te hable con honestidad para poder ayudarlo; deja que te diga lo que está viviendo y sintiendo, y cuáles son sus necesidades para graduarse y trascender; escúchalo con atención sin juzgar, interpretar, interrumpir, ni aconsejar. Deja que él o ella sean los protagonistas de esta historia, ya que en realidad es *su* historia.

Siéntate a su lado, tómale la mano y permite que te abra el corazón, haciéndole una pregunta sincera: ¿en qué o cómo puedo apoyarte? Podrás así ayudarlo para abrir el canal de comunicación. Pídele que te cuente su historia, ayúdale a hacer memoria a través de fotografías, música y recuerdos que haya a la mano; si él no lo recuerda, tú sólo menciónale el evento; toma nota de sus anécdotas para luego compartirlas con los demás miembros de la familia.

El acercamiento a la muerte cambia a las personas, las hace más sensibles, más sabias, más buenas, más nobles. El enfermo terminal tiene una sabiduría que sólo se puede adquirir recorriendo el camino que él está recorriendo ahora. Los voluntarios de cuidados paliativos han manifestado que empezaron su tarea con la noble ilusión de "dar algo de sí", y que han terminado recibiendo mucho más de lo que ellos han aportado.

Sin embargo, también manifiestan que algunos pacientes están agrios, enojados con la vida, agresivos, intolerantes. Esto es básicamente porque ellos también están viviendo su propio duelo y se quedan atrapados en la etapa de la ira, el enojo, la agresión; en su recuento de vida no se sienten satisfechos. No es quién se las hizo, sino quién se las paga, y generalmente se desquitan con el cuidador primario o quien más cerca esté de ellos. Esto se debe a que están perdiendo su vida y están enojados con ellos mismos, con su Dios, con el médico, con la familia, con la situación y hasta con el gobierno.

También es cierto que después del fallecimiento se acostumbra idealizar a la persona que trascendió. Esto es en parte por la necesidad de recordarlo como alguien sabio.

La manera de vivir el duelo es tan personal como una huella dactilar, no hay dos duelos iguales. No hay reglas para enfrentarlo ni tiempo para medirlo. Es un proceso totalmente personal, y dependerá de las experiencias pasadas, de la historia de los duelos vividos con anterioridad y de las herramientas espirituales con las que cada uno cuente.

El duelo que vive la familia

Una enfermedad que amenaza la vida de una persona no sólo afecta al paciente, sino también a todos y cada uno de los miembros de la familia, ya que todos están viviendo una serie de pérdidas importantes. Aparte de la del ser querido y del dolor que eso simboliza, viven otras mermas, entre ellas, pierden las expectativas que tenían sobre el futuro, ya que habían planeado realizar un viaje con él o ella, o contar con su presencia en una fiesta importante (boda, graduación, nacimiento, aniversarios), o pasear por el parque tomados de la mano a edad avanzada.

La familia pierde la estabilidad, ya sea porque el paciente era el pilar de todos, era el proveedor económico o quien resolvía todas las preguntas, o quien realizaba los pagos o mandados, o era quien recogía a los niños en la escuela, o ayudaba con las tareas escolares, o elaboraba las cenas de Navidad. Entre otras cosas, pierden la libertad física y económica, ya que parte del dinero separado para otras cosas ahora tiene que ser invertido en pagar los medicamentos, así como que ya no pueden separarse por mucho tiempo ni ir muy lejos, por temor a que el paciente pueda necesitar apoyo o fallecer y les pesa la posibilidad de no estar presentes en el momento mismo de la transición.

Será necesario reajustar la estructura familiar y cuanto antes se haga es mejor; entre otras cosas, ello implica reorganizar los roles de los miembros de la familia, para que se vean afectados lo menos posible.

La etapa del duelo correspondiente al *enojo* la viven todos los miembros de la familia, y no es quién me la hizo sino quién me la paga, y se descarga la furia contra todos los que estén cerca; puede ser la pareja, los hijos, el enfermero, la secretaria, los hermanos, cualquiera que se atraviese. Con todo respeto para el lector, me parece que esta etapa se describe mejor con la palabra *emputamiento*, porque es, por mucho, superior a la ira.

Llega al grado de que el paciente se enfurece con el cuidador primario o con quien esté cerca, lo violenta y hiere profundamente en lugar de agradecer las atenciones que recibe; se agreden y atacan entre todos. Discuten entre los hermanos por nimiedades y falta de organización; se acusan porque perciben que no están siendo justos ni equitativos entre todos (tiempo, dinero, cuidado y atención dedicada al paciente o al cuidador). Muchas veces estas diferencias ya estaban desde antes de la aparición de la enfermedad, pero se mantenían ocultas y ahora salen a relucir con toda su fuerza.

El duelo que vive el cuidador

El cuidador primario vive su propio duelo porque independientemente de todas las pérdidas mencionadas en el punto anterior, él pierde su rutina y forma de vida acostumbrada, se pierde a sí mismo, para dedicarse totalmente al cuidado del paciente. Deja de hacer las cosas que le agradan para atenderlo, y al final de la historia, nadie le agradece su labor y el mismo paciente descarga su enojo y frustración en él, lo agrede como parte de su propio duelo.

Cuando por fin logra salir a distraerse está llamando constantemente a quien se quedó a cuidar al paciente por miedo a que no sepan atenderlo como él lo hace. O le llaman para preguntarle nimiedades, por no haber dejado las instrucciones claras.

Vive en carne propia lo que es el *burnout* o "agotamiento" y siente que su vida ya no tiene sentido aparte de cuidar al paciente. También suele desarrollar mucho enojo con el paciente por no haberse cuidado.

El cuidador primario es la persona clave en el bienestar del paciente, y toda la familia debería procurar su cuidado, apoyándolo en el descanso, el reemplazo ocasional, con aportación económica y en las labores del hogar.

En una ocasión, platicando con una señora que cuidaba a su hija enferma de cáncer, me confesó con dolor que en dos meses que estuvieron internadas en el hospital nadie se había tomado la molestia de preguntarle cómo estaba ella, la cuidadora. Todos dirigían su atención a la paciente, quien estaba muy bien atendida por su mamá, pero no hubo una sola persona que le ofreciera apoyo o descanso a ella.

Los duelos prohibidos

Hay pérdidas que por diversos motivos no pueden ser manifestadas, y una de las más graves consecuencias es que como no se pueden expresar, se mantienen en el interior, generando alguna enfermedad o desequilibrio.

Como ejemplos de los duelos prohibidos están la muerte o ruptura de una relación de amasiato, de una homosexual cuando no se ha salido del clóset; una violación o cualquier tipo de agresión sexual que incluso pudo haber sido cometida por parte del paciente o algún familiar; el haber realizado un aborto provocado; una infidelidad de la pareja que nunca se aclaró. Todo aquello que no se pudo hablar forma parte de los duelos prohibidos, como lo es un hijo nacido fuera del matrimonio.

Uno de los conflictos más frecuentes que he encontrado en las consultas familiares es el enojo que manifiesta alguno de los integrantes frente al paciente y su negación o enojo por atenderlo. Eso me lleva a sugerir realizar una consulta privada, donde generalmente se reconoce que hubo violación, abuso, acoso, infidelidad, complicidad o silencio por parte del paciente, y ahora el cuidador se niega a atenderlo por el resentimiento que existe.

Recuerda que todo duelo no trabajado es acumulado, y estos duelos generan mucho enojo, agresión, culpa, angustia… y es importante trabajarlos profesionalmente con un tanatólogo, con el fin de encontrarles una salida a las emociones que se están viviendo.

La manera de vivir el duelo es tan personal como una huella dactilar, no hay dos duelos iguales. No hay reglas para enfrentarlo ni tiempo para medirlo. Es un proceso totalmente personal y dependerá de las experiencias pasadas y de la historia de las pérdidas sufridas anteriormente.

Al parecer, las personas que han trabajado el sentido y propósito de su existencia tienen una mejor comprensión y manera de afrontar el final de su vida. Así como el proceso de vida es individual, así cada persona tiene un proceso de muerte único. Se dice que morimos de la forma en que vivimos, y que por lo general cosechamos lo que sembramos. Tengo claro que no es premio ni castigo, simplemente consecuencia de nuestras acciones, como resultado de nuestro libre albedrío.

Todas las religiones tienen sus particulares rituales ante la muerte; todas son válidas y necesarias de acuerdo con las creencias de cada persona. Cuando hay diferentes religiones dentro de una familia, se generan conflictos al seguir los rituales de luto. Es importante considerar las creencias del fallecido para darle sepultura de acuerdo con su deseo y sus tradiciones. Se debe solicitar al enfermo que manifieste qué quiere que se haga con el cuerpo después del fallecimiento, respetando en todo lo posible su voluntad.

El duelo no es una enfermedad en sí mismo, pero sí puede desencadenar una, si no es bien trabajado.

La intensidad del duelo es proporcional a la relación que tengas con el sujeto u objeto. Por ejemplo, si muere tu abuela que vive en otro país y también muere tu nana que ha vivido contigo toda tu vida, las formas de vivir ambos duelos serán diferentes.

Después del fallecimiento hay un periodo de readaptación a la nueva vida sin el ser querido presente; los deudos están tristes por su orfandad, se genera un gran vacío, la vacuidad; saltan de todas partes las dudas, culpas, enojos; todas las emociones se presentan de golpe.

Sin embargo, si durante la enfermedad fueron identificando y trabajando las etapas descritas en el capítulo "Las cinco etapas del duelo", tendrán la oportunidad de vivirlo sin tanto dolor y sufrimiento, y podrán reforzar el trabajo con las cuatro *tareas del duelo* propuestas por William Worden, doctor en psicología, que habla sobre la importancia de:

1) **Aceptar la realidad de la pérdida.** Los rituales funerarios ayudan para aterrizar la realidad. Es importante participar en ellos y aprovechar la oportunidad para construir una recapitulación de la relación que se tuvo con el fallecido y hacer un cierre.

2) **Elaborar el dolor del duelo.** Las manifestaciones del duelo, como el dolor emocional, el dolor físico y los cambios conductuales se deben reconocer y atender. Poder realizar los cuatro pasos de sanación planteados en el capítulo correspondiente sin duda ayudará a elaborar mejor el dolor del duelo.

3) **Adaptarse a un nuevo mundo en el que el fallecido está ausente.** Es indispensable reorganizar y redefinir los nuevos roles en la familia. Verificar las labores que desempeñaba el familiar ahora ausente y designar quién se hará cargo de ello. Entre más pronto se haga esto, será mejor para todos.

4) **Reubicar emocionalmente al ser querido.** Se pretende que la persona encuentre un lugar adecuado para el fallecido dentro de su vida emocional, un lugar en el que se le permita recordarlo sin dolor, que lo deje generar nuevas relaciones de afecto sin sentir que traiciona al ser amado.

Como podemos observar, desde el punto de vista de William Worden, la participación directa del sobreviviente es muy importante para poder superar el duelo, ya que implica acciones de su parte; le otorga responsabilidad en su recuperación y la posibilidad de reconocer su propia fortaleza al hacerlo.

No hay tiempo definido para sanar un duelo; ello dependerá de los recursos con que se cuenta, la relación con el difunto y el tipo de fallecimiento. Si notas que ha pasado un año y continúas sufriendo por su ausencia, te recomiendo que accedas a una terapia breve para analizarlo.

Sanar el duelo no significa olvidar a tu ser querido, es ponerlo en un lugar dentro de ti donde ya no duela su ausencia. Recuerda que la muerte no es ausencia, sólo es un cambio de presencia.

Cuando puedas hablar de tu ser querido sin angustia, te darás cuenta de que has logrado sanar tu duelo.

CARLOS, el poder de la empatía

> Si realmente quieres comprender a la persona que amas, mírala como si fuera la primera vez, sin el peso de la memoria.
>
> WALTER RISO

Carlos, hombre de 80 años, con diagnóstico primario de cáncer de estómago, y con metástasis en pulmones y cerebro. Estuvo casado con Rosa por 56 años, de cuyo matrimonio nacieron cuatro hijos. La familia estaba en negación y, a pesar de que ya no contaban con seguro de gastos médicos ni recursos económicos, continuaban las entradas y salidas del hospital privado.

La última complicación médica que se presentó fue en los riñones, por lo que los doctores sugerían comenzar con diálisis mientras encontraban un donador de riñón. Carlos se opuso rotundamente a reingresar al hospital y continuar con cualquier tratamiento, pero a pesar de eso, los hijos insistían en buscar un milagro.

Una de las hijas me solicitó una consulta para su papá, "a fin de que yo 'lo ayudara a hablar', y que él pudiera sacar su enojo", y también para que lo convenciera de comenzar con el nuevo tratamiento que sugería el doctor. Me comentó la serie de síntomas físicos y emocionales que manifestaba Carlos, así como la situación familiar en general. Lo que más les preocupaba era que Carlos ya no quería comer y Rosa, su mujer, estaba muy agresiva con él y con el resto de la familia.

Como siempre lo hago, le sugerí que primero tuviéramos una reunión familiar lo antes posible, incluyendo a su mamá y a todos sus hermanos, para conocer su opinión, y después, si lo considerábamos oportuno, yo tendría una charla con su papá. Dos semanas después, finalmente ella logró convencerlos y sostuvimos la reunión.

Escuché los comentarios que cada uno hizo en relación con la percepción de los síntomas que mostraba Carlos, su interpretación del diagnóstico y pronóstico, así como su sentir acerca de lo que estaban viviendo en lo individual y en familia, ante la enfermedad.

Tomando en cuenta la nula posibilidad de sanación de Carlos, les hice ver la necesidad de respetar el deseo de su papá de no continuar con algún tratamiento curativo invasivo, resaltando la importancia de tratar de mantenerlo confortable en casa y no reingresarlo al hospital. Esto en parte debido a la situación extrema que representaba la pandemia por covid-19 (motivo por el que tendría que estar totalmente aislado), así como por el gran desgaste físico, emocional y material que ya estaban viviendo.

Hablaron de sus culpas por no poder hacer más por Carlos, pero al final comprendieron que habían hecho y continuaban haciendo todo lo que podían para brindarle calidad de vida. Finalmente aceptaron que era el momento de prepararse para dejarlo ir en paz, estando en su casa, rodeado de sus seres queridos.

Les hablé acerca de algunos de los síntomas que por lo general se presentan al final de la vida y fueron ratificando que ya estaban sucediendo, y que por las supuestas "alucinaciones" que Carlos manifestaba, le habían suspendido el medicamento para el dolor, pensando que eso era lo que le estaba generando las visiones. Se sorprendieron al escuchar que lo que Carlos veía era normal, que son almas de seres queridos para él que vienen para acompañarlo en el trayecto de la transición. (Véase el capítulo "Signos y síntomas del final de la vida".)

Otro de los síntomas que presentaba era que ya no quería comer, cerraba la boca y no ingería alimento, lo que les causaba mucha angustia por miedo a que se estuviera desnutriendo, a que muriera de hambre porque ya estaba muy delgado. Me cuestionaron las ventajas y desventajas de colocarle una sonda nasogástrica para nutrirlo, sugerencia hecha por uno de los hijos.

También se quejaron de que Carlos se hacía el dormido y se mantenía en silencio porque no quería hablar con ellos, y cuando abría los ojos y lograban platicar, él siempre buscaba un pretexto para agredirlos; se había vuelto muy grosero con todos, al grado de que varios cuidadores habían renunciado por este motivo, y algunos nietos ya no querían ir a visitarlo.

Los hijos comentaron que su mamá había estado muy enojada por muchos años con él, y ellos no comprendían el motivo, sólo decían que ella era una mujer muy dura, grosera e intolerante, sobre todo con Carlos, y más últimamente. Rosa se peleaba con él todos los días porque ella le preparaba la comida y le insistía hasta el cansancio que comiera y él no quería ni probarla, lo que generaba en ella mucho enojo.

En consulta privada con Rosa, salió a relucir que ese enojo era un resentimiento por infidelidades de su marido que ella había estado guardado desde hacía 20 años, y que ahora se detonaba muy fácilmente. Éste era uno de los muchos secretos que guardaban en la familia, que todos sabían o intuían, pero del que nadie hablaba, ni se asociaba con el enojo permanente de Rosa.

Carlos había tenido una situación económica y social privilegiada; fue una persona muy admirada en su comunidad tanto por sus valiosas aportaciones como por su liderazgo positivo, pero, desafortunadamente para él, tomó muy malas decisiones, cayó en depresión, descuidó los negocios y perdió todo, lo que implicaba otro duelo en su vida.

En el último año, Carlos se había convertido en un tirano; era muy grosero y agresivo con todos, al grado de que a los familiares les daba vergüenza ir con él a un restaurante, por la forma como trataba a la gente, cuando que antes él no era así. En ciertos momentos estaba de muy mal humor y agredía a todos de manera injustificada; en otros simplemente se mantenía con los ojos cerrados, sin hablar.

Cuando les expliqué las etapas del duelo por las que estaban atravesando todos, incluyendo a Carlos, comprendieron que lo que estaban viviendo era algo "natural" y "normal" en una persona que está trascendiendo; percibí en sus caras una sonrisa de comprensión, entendimiento y cierto grado de liberación.

Manifestaron su arrepentimiento por no haberse reunido antes y poder vivir esta última etapa de manera diferente, con mayor empatía y misericordia, y aceptaron que la consulta adecuada no era con su papá sino con ellos. Platicamos

sobre los cuatro pasos de sanación para que ellos los llevaran a cabo, e invitaran a los nietos a que también lo hicieran.

Días después me fueron llamando de forma individual
la esposa, cada uno de los hijos y dos de los nietos y, por
separado, me comentaron el resentimiento que tenían acumulado, revelando que Carlos era bipolar, y muchas de sus
reacciones estaban causadas por el mismo mal. Algunos lo
sospechaban y los otros no tenían idea. También vimos la
posibilidad de que la metástasis en el lóbulo frontal pudiera ser la causante de los arranques de enojo y hasta de la falta de pudor que mostraba Carlos.

Problemas muy antiguos no resueltos con cada uno
de los hijos y la esposa salieron a relucir al final de la vida de
Carlos, ya que ése es el momento en que las emociones
están a flor de piel y vienen los recuerdos que en ocasiones
atormentan. Tanto la sesión familiar como las individuales
ayudaron a que lograran despedirse con mucho amor y perdón, sanando la deteriorada relación familiar, y saliendo fortalecidos a pesar de la triste experiencia.

Al poder identificar que el problema eran la bipolaridad
y el tumor, pudieron verlo con mayor empatía, con otros
ojos, tomando en cuenta que después de todo su agresividad era causada por una enfermedad y no por maldad, lo que
les ayudó a que pudieran acercarse y ver a Carlos con amor
y agradecimiento.

PABLO, cuidado con las expectativas

El sufrimiento es un golpe al ego cuando no
se CUMPLE CON LAS EXPECTATIVAS.

Sabiduría popular

Pablo era un hombre de 92 años, padre de cuatro mujeres y dos varones, viudo hacía mucho tiempo. Una persona muy religiosa, católica ortodoxa, al igual que casi todos los miembros de la familia. Con excelente posición económica, reconocido socialmente por sus grandes obras y aportaciones a la sociedad.

Una de las hijas me pidió la consulta porque su papá ya no quería comer, y necesitaban que los apoyara para persuadirlo de hacerlo. Sostuvimos una reunión familiar con la mayoría de los hijos, donde les expuse las necesidades que podría tener su papá, en el sentido de que ya no requería alimento y de que ellos se prepararan para dejarlo trascender y despedirse. Hablamos también de la importancia de realizar los cuatro pasos de sanación para dejarlo ir en paz, tanto de parte de los hijos como de los nietos y bisnietos.

Terminamos la reunión y Héctor, uno de los hijos, se acercó a mí discretamente y me dijo que él no le pediría perdón a su papá, que no tenía por qué hacerlo, y enumeró toda una letanía de cosas que bien a bien no comprendí. Noté mucho enojo en sus palabras, por lo que me detuve para escucharlo en privado.

Platicamos de la importancia que podía tener para él decirle los cuatro pasos de sanación, y me confesó que no podía hacerlo solo, que tenía mucho resentimiento con su papá porque éste no aceptaba su homosexualidad y lo tenía excluido, al grado de haberlo desheredado. Evalué la situación y me ofrecí a acompañarlo para que hiciera el ritual en ese momento.

Entramos al cuarto y Héctor temblaba, tenía miedo de acercarse a su papá. Lo toqué en el hombro y le dije: "Aquí estoy, no temas, no te va a pasar nada malo". Nos acercamos al señor Pablo y nos sentamos a su lado. Héctor le dijo a su papá que quería hablar con él y decirle que lo honraba como su padre y le agradecía la vida que le dio junto con su mamá. Al llegar al perdón, Héctor se detuvo y me vio con una mirada de dolor infantil, con lágrimas en los ojos; aquello era una carga muy pesada para él, y no pudo continuar.

De nuevo lo toqué en el hombro para que sintiera mi presencia, al oído lo invité a hacer una respiración profunda y a repetir después de mí: "Te pido que me perdones por no cumplir con tus expectativas sobre mi vida, pero yo así soy, y yo te perdono por no comprenderme". El señor Pablo abrió los ojos y muy serio le preguntó que si ya se había curado, que si estaba tomando puntualmente las medicinas para remediar eso (la homosexualidad), que si ya se había sanado.

Héctor explotó y no pudo seguir, se paró y se fue; yo percibí que en ese momento no había manera de resolver esa situación. Días después Héctor me llamó y tuvimos una sesión individual durante la cual pude escuchar su historia y ver el motivo de su gran enojo con el padre; esto lo trabajamos y al final pudo comprender que él no tenía que ver con el enojo y decepción de su papá, pero que tampoco podía obligar a Pablo a aceptar su homosexualidad, cuando sus creencias religiosas se lo prohibían.

En el velorio tuve la oportunidad de platicar con la hermana, y ella me comentó que Pablo y Héctor pudieron convivir un poco más durante algunos días, antes del fallecimiento de aquél.

Las cinco etapas del proceso de duelo

Imagina por un momento que has estado planeando salir de vacaciones con tu familia y un amigo se ofrece a prestarte su coche para que viajen más cómodos. El día programado por fin llega y tu amigo te entrega las llaves del coche y tú le agradeces sinceramente la gran ayuda.

Al subir las maletas al coche te encuentras con que el vehículo en el que viajarán es un coche viejo, que no trae llanta de refacción ni el equipo indispensable para resolver descomposturas. Decides continuar con los planes del viaje porque todos en la familia ya están ilusionados.

Comienzan la aventura y poco a poco te asaltan cuestionamientos acerca de qué harán en caso de que se perfore un neumático, si tienen combustible suficiente o encontrarán gasolineras en el camino, si traen agua de reserva por si se calienta el motor y si tendrán las herramientas necesarias para arreglar una descompostura. En el camino hay una desviación que desemboca en una carretera llena de baches y por una ruta desconocida que no aparece en el mapa.

En el asiento trasero están los niños, que se van peleando por tonterías; después de un rato comienzan a llorar porque ya quieren comer, necesitan ir al baño, tienen sed, y cada vez con mayor frecuencia hacen la clásica pregunta, sin tregua: "¿Ya vamos a llegar? ¿Cuánto falta?" Los adolescentes pelean contigo por no haber tomado las precauciones necesarias y previsto la situación completa.

Esta analogía es un ejemplo práctico de lo que sucede dentro de la familia cuando el médico da un diagnóstico de enfermedad terminal (progresiva e incurable) a uno de sus miembros. Todos inician un viaje hacia lo desconocido y los invaden el miedo y la incertidumbre por ignorar el futuro y no saber lo que les espera, el tiempo que les llevará y las circunstancias en que se presentará.

Todo ello es parte del duelo que vive la familia ante la pérdida de la salud y el pronóstico de fallecimiento próximo de uno de sus integrantes, y a pesar de que todos viven la misma experiencia, esto afecta más a unos que a otros, dependiendo de las herramientas de vida que tenga cada uno.

Considero que la mejor manera para contrarrestar el miedo es a través de la información. Conocer con anticipación las diferentes posibilidades que se pueden presentar durante la evolución de la enfermedad y hasta el desenlace ayuda a disminuir el miedo y la angustia generados por el desconocimiento.

La doctora Elisabeth Kübler Ross, pionera mundial de la tanatología, después de estudiar los casos de miles de pacientes terminales en conjunto con los familiares que vivían un proceso de duelo observó y describió de manera puntual los pasos que se atraviesan ante una pérdida, pudiendo ser experimentados en mayor o menor escala cada uno de ellos.

Tomo su modelo como base porque a lo largo de mi vida profesional he visto que, ante cualquier tipo de pérdida, todos pasamos básicamente por estas cinco etapas. Aunque en la actualidad hay tantas etapas como autores, las mencionadas a continuación son la base de lo demás que se ha escrito hasta ahora.

Todas las fases se viven de forma intermitente, sin orden ni tiempos máximos o mínimos, con intensidad variable, pudiendo la persona regresar a cada una de las etapas anteriores, hasta que se logra llegar a la quinta, que es la aceptación. Mucho dependerá de su desarrollo espiritual y creencias religiosas la manera en que cada uno lo viva.

La intensidad del duelo es proporcional a la relación que el deudo tenga con el sujeto u objeto de la pérdida, pues no vivirá igual la muerte de un abuelo que vive lejos, que la de la mascota con la que duerme todos los días.

Debemos comprender que *todos* los miembros de la familia, incluyendo al paciente, pasan por las cinco etapas del duelo mencionadas por la doctora Kübler Ross, que, de forma resumida, a continuación te presento. En el capítulo titulado "El duelo *vs.* el luto" encontrarás de manera más detallada los diferentes duelos que se viven en la familia.

La negación

Esta etapa comúnmente se manifiesta después del diagnóstico, es la etapa del *shock*, cuando la gente dice: "Esto no puede estar sucediendo, no es real, es una pesadilla, el diagnóstico está equivocado". Es cuando se presenta el cuestionamiento que plantea: "¿Por qué a mí, que me alimento sano, me cuido y hago ejercicio? ¿Por qué a mi papá que es tan bueno, y no al vecino, que es una mala persona?" Tales y muchas otras frases se repiten hasta la saciedad. Se trata de un mecanismo de defensa que funciona como amortiguador al momento de recibir el diagnóstico de la enfermedad, para luego poder recobrarse de la noticia.

A partir de ese momento se empieza a peregrinar por diferentes laboratorios, se realizan estudios clínicos y se consulta a especialistas médicos, siempre esperando un resultado diferente, algo que no duela tanto. Se buscan chamanes, brujos, aguas milagrosas, pastillas que le funcionaron a la hija de la prima de mi amiga; se averigua sobre terapias alternativas, se ofrecen mandas y se forman cadenas de oración; se hace todo lo que se considera necesario para obtener un milagro, por la sanación, todo lo posible para evitar que suceda el desenlace pronosticado por el médico.

No se puede responder a los porqués, pero quizá es el momento de cambiar la pregunta a ¿"para qué" se está presentado esto en tu vida y la de todos? ¿Qué tienen por aprender de la experiencia y cómo pueden mejorar la situación en relación con el paciente, con la estructura familiar, con los conflictos pendientes de resolver? En otras palabras, ¿cómo ayudar al paciente a transitar el camino con el menor dolor posible y aprovechar el tiempo que le queda?

He sido testigo de grandes cambios en la vida de una familia ante el próximo fallecimiento de un ser querido. Revertir enojos y resentimientos antiguos por empatía y comprensión, lo que finalmente mejora la relación.

El enojo, la ira

En esta etapa se manifiestan la rabia y la frustración que generan los cambios que se están presentando, las pérdidas que se van teniendo; el paciente se da cuenta de que su vida se acaba, de que ya no le queda mucho tiempo, y percibe que todo está fuera de su control. Se siente inútil y distingue que está perdiendo su imagen propia, su independencia, su sentido de vida, su autoestima y su paz interior; se está perdiendo a sí mismo.

Estas pérdidas las exterioriza a través de la ira, está enojado con la vida, y no busca quién se la hizo, sino quién se la pague. Esta agresión, la mayoría de las veces, la manifiesta contra su Dios, lo que a su vez genera en su interior la culpa por blasfemar; la rabia se descarga de manera injustificada sobre el cuidador primario, o contra quien sea la persona más cercana y a quien más confianza le tenga.

Se debe comprender que el enojo no es contra ninguna persona, sino contra toda la situación que está viviendo. Desde este entendimiento se pueden no tomar las agresiones de manera personal, sino ver el cuadro completo como un acto de defensa, inconsciente, generado a consecuencia de la enfermedad y de las pérdidas que el paciente está viviendo. Tomarlo de manera personal te separará emocionalmente de él y creará resentimientos injustificados entre ambos, sin tener ya el tiempo para resolverlos.

Existen diversas maneras de manifestar el enojo, y las más comunes son la agresión verbal, la murmuración para sí mismo y las miradas de odio o resentimiento, todo lo cual puede escalar hasta la provocación física. Otra manera de agredir es a través del silencio, o pretendiendo que se ignora al otro.

El enojo que siente el paciente puede ser porque tú ahora tomas las decisiones y él tiene que someterse a ellas, o porque tú tienes la libertad para irte y él se encuentra postrado, o porque tú tienes vida y él la está perdiendo. Es importante ponerse en el lugar del paciente y comprenderlo con empatía; es fundamental escucharlo y dejar que saque su enojo, lo cual le ayudará a que descargue la ira y tome su tiempo para, finalmente, aceptar su circunstancia.

Cuando observes que esto sucede, no te enganches con ese enojo, por favor no lo tomes como agresión personal, ya que no es contra tu persona. Sal de la habitación y deja pasar un rato antes de regresar. Al retornar, puedes o no manifestarle, de manera tranquila, la molestia o dolor que te causaron su desplante o sus palabras. Hazle saber que estás ahí para apoyarlo con cariño, no por obligación; no guardes ese enojo dentro de ti, ya que irá creciendo en tu interior y después tú serás el que enferme por la ira acumulada.

Este enojo y desesperación también lo viven los otros miembros de la familia, ya que la tensión, el dolor y el miedo de perder a su ser querido están presentes, y la mayoría de las veces no lo exteriorizan, se lo guardan. Es importante buscar la manera de hablarlo, a fin de descargarlo y compartirlo, no desde el enojo y la frustración, que sólo generarían agresiones, sino desde el dolor que se está sintiendo. Los mismos familiares pueden proporcionarse la contención que necesitan; les sugiero tener palabras clave que les permitan observar que están cayendo en la provocación, y poder cambiar la actitud para evitar entrar en pleito.

Ante la pérdida de la salud, el paciente comienza a vivir esta fase antes que los demás se den cuenta de la situación. Si en la familia hay antecedentes de agresividad, manipulación o victimización por parte del paciente, ello es peor, ya que se percibe como una agresión más, y los enojos que se han ido acumulando a lo largo de la vida ahora se presentan y revientan en el momento menos adecuado y de la peor forma posible.

Muchas veces éste es el último recuerdo que se queda en la memoria del sobreviviente, y causa mucho dolor y culpa por no haberlo visto y comprendido antes. Dichos pleitos y resentimientos familiares son evitables cuando se comprende que vienen causados por el mismo dolor del duelo, y que no son agresiones personales.

La culpa y el regateo

En esta etapa se busca ganarle tiempo a la vida y poder llegar a una fecha importante (la boda, el nacimiento, el aniversario, la graduación), o tener la posibilidad de concluir algún proyecto. Dice el dicho popular que "el tiempo es oro", y en estos momentos se comprueba que los segundos son más valiosos que el metal, ya que el oro se puede salir a comprar, pero el tiempo perdido no puede ser recuperado.

Otra característica de esta etapa es culparse por el "y si hubiera…", o colgarle a alguien más la responsabilidad de la situación que se está viviendo, y para esto sirve cualquiera que ayude a cargar el dolor que se vive, pues nos sirve fingir que el "otro" es responsable de nuestro dolor. Vivirlo así es asumir el papel de víctima de las circunstancias sin tomar ninguna responsabilidad por la situación, lo que implica tener muy pocas posibilidades de poder sanarla y trascenderla.

Y ojo, porque este "otro" puede ser el tiempo perdido para buscar el diagnóstico, la falta de dinero para salvar al paciente, el médico que dio la mala noticia, la vecina que contagió a mi enfermo, el aire que está contaminado, el agua que sale sucia de la tubería, o el gobierno porque no destina recursos para comprar los medicamentos que lo curarían. Y así se sigue buscando hasta el infinito, ya que cuando "el otro" es responsable de mi dolor, me libera de cualquier responsabilidad y me ayuda a cargar mi pena.

El doctor Luis Alfonso Reyes Zubiría (1935-2013), precursor de la tanatología en México, decía: "Toda culpa está basada en un absurdo, porque cuando se toma cualquier decisión, siempre se hace pensando que es lo mejor que se puede hacer en ese momento…", y yo le añado: … "de acuerdo con las herramientas y experiencia de vida con las que se cuenta en ese momento".

Cuando tú tomas una decisión, sea la que sea, siempre lo haces según lo que en ese momento consideras que es lo mejor, pensando que es lo ideal, hasta cuando actúas por impulso. Nunca tomarás una decisión pensando que es mala.

Espero que después de leer este libro puedas tomar decisiones diferentes a las que hubieras tomado si no tuvieras el conocimiento que adquirirás con la lectura.

La depresión

Puede ser *reactiva*, por todas las limitaciones y situaciones que se están viviendo, o *anticipatoria*, por miedo a lo que va a venir y, sobre todo, a no poder visualizar cómo será la vida sin el paciente. Es imaginar y sentir cómo se va uno metiendo en un agujero negro, donde no se ve ninguna salida posible; es una tristeza profunda ante lo que se está viviendo, y el temor a lo que se va a vivir.

Esta depresión no es generada por un desequilibrio químico del cuerpo y, por lo tanto, no se puede curar con un antidepresivo o ansiolítico, ya que lo único que éste hará será adormilar el dolor, pero no lo quitará. La mejor forma de sanar el dolor del duelo es identificar la emoción, validarla y manifestarla, ya sea a través del diálogo verbal, escrito, musical, la pintura, el baile o cualquier forma de expresión acostumbrada. Lo ideal es apoyarse en una terapia breve con un profesional de la tanatología. También se puede reforzar con el Rescue (rescate) de las flores de Bach, como terapia complementaria.

Recordar los buenos momentos vividos con el paciente ayudará a darle una vuelta de campana al dolor. Honrar su vida viviendo tu vida será la mejor herramienta de sanación que puedas emplear, así como hacer el ritual de despedida con los cuatro pasos de sanación.

Estas cuatro etapas del duelo mencionadas anteriormente se presentan sin orden alguno y se viven de forma intermitente, hasta llegar al siguiente nivel, que es la aceptación.

La aceptación

Ésta se puede alcanzar después de reconocer la realidad que se está viviendo, y asumirla. Hacer el ejercicio de despedida de los cuatro pasos de sanación, consistentes en *honrar*, *agradecer*, *perdonar* y *soltar*, ayuda mucho para lograrlo.

Hay personas que insisten en afirmar que nunca se está listo para dejar ir al ser querido, pero, por mi experiencia en el ramo, yo te aseguro que sí se puede lograr cuando llevas a cabo la despedida de una manera "correcta".

Poder hacer un recuento con el paciente de los buenos momentos que vivieron juntos, ayudarlo a elaborar mentalmente un resumen de su vida, apreciar y enumerar las enseñanzas que deja, y agradecérselo, te permitirá decirle: "Te puedes ir en paz, yo estaré bien, me repondré en algún momento, honraré tu vida viviendo la mía, te extrañaré pero me sobrepondré", y otras cosas por el estilo, que ayudarán a validar su existencia.

Que quede claro que no se trata de resignarse, lo que significa tomar el hecho como algo ajeno y verlo desde la posición del "ya ni modo", ni de vivirlo desde el papel de víctima sin asumir ninguna responsabilidad ni control. Significa aceptar la realidad de la enfermedad y del próximo fallecimiento como tal, y desde ahí trabajar el desapego, la despedida, y dejar de pelear con el mundo; es reconocer que el fallecimiento del ser querido es lo que le corresponde vivir a él, de acuerdo con los términos de su pacto antes de nacer.

Considero que la etapa final del paciente es un regalo que la vida nos da, a fin de que podamos cerrar con broche de oro una vida vivida a su lado. Es bendecir el hecho de que haya existido y aceptar que su tiempo en este plano ha terminado. Puedes llorar y sufrir porque se va a ir, o puedes bendecir su historia y aprovechar los momentos que le quedan.

Cuando se observa que el cuerpo físico se va deteriorando y consumiendo como una velita; cuando se han atendido los pendientes que alguien pudiera tener con el paciente; cuando se le ayuda a que se despida de esta vida en paz y tranquilo una vez resueltos sus asuntos, entonces, y sólo entonces, podrás bajar los brazos y decirle "buen camino", desde lo más profundo del corazón.

Cuando se logra la aceptación, llega la tranquilidad al alma; finalmente se encuentra la paz interior y las cuatro etapas antes mencionadas dejan de presentarse. Esto no quiere decir que ya no duela o no se tenga miedo, sino que la pérdida se vivirá con dolor, pero sin sufrimiento. El periodo del duelo será más corto y las emociones se vivirán sin tanta pena. El duelo no es un proceso de olvido, sino de aprender a recordar sin dolor.

Dice el Dalai Lama: "Aceptar no es resignación, pero nada te hace perder más energía que el resistir y pelear contra una situación que no puedes cambiar".

DON JOSÉ, el mejor regalo de vida

> Aprendí que el mejor regalo que alguien te puede hacer es dedicarte su tiempo, escucharte, preocuparse por ti y que te ayude a no rendirte.
>
> *El Principito*

Como lo comento en otros capítulos, por lo regular no acostumbro a tratar directamente con los pacientes, pues considero que son los familiares los indicados para ayudar y acompañar a aquéllos en la despedida; sólo intervengo cuando, después de ver a la familia, me insisten para que platique con él o ella. No me siento cómoda cuestionándoles sobre su vida y asuntos personales, ya que soy una persona por completo ajena, y ellos están atravesando por el momento más vulnerable de su vida; me siento una intrusa invadiendo su espacio.

Un lunes en la mañana recibí una llamada telefónica de Miguel, el hijo mayor de don José, quien me comentó que una persona muy estimada por ambos me recomendó y, por su sugerencia, me solicitaba realizar una consulta domiciliaria a su papá, para que platicara con él.

Miguel y sus hermanos consideraban que su papá podría estar deprimido, porque estaba solo con los cuidadores en su casa, debido a que sus tres hijos viven fuera del país. Me comentó que su padre tenía un diagnóstico de enfisema pulmonar desde muchos años atrás, pero no estaba diagnosticado como paciente en fase terminal.

Ese mismo lunes me animé y fui a visitar a don José, y para mi sorpresa me encontré con un hombre de 87 años, con excelente sentido del humor, muy despierto, quien me ofreció café, pastel, galletas, fruta, agua y refresco.

Platicamos acerca de su esposa fallecida cinco años atrás; de sus hermanos, del clima y de mil simplezas más. Al llegar al tema de sus hijos me comentó que tenía tres, extraordinarios todos, que vivían fuera del país, eran muy inteligentes, comprometidos, trabajadores, y por lo mismo no podían venir a visitarlo juntos, por lo que se alternaban para hacer sus viajes a verlo cuando cada quien podía.

Don José me abrió aún más sus ojos grandes, y de forma tajante me aseveró que "los tres vendrían juntos para cuando fuera su entierro". Me sorprendió mucho esa categórica afirmación, que no dejaba lugar a dudas acerca de que para eso sí encontrarían la forma de venir juntos.

Al salir de la consulta le hablé a Miguel, para reportarle mi opinión sobre la visita; le sugerí que hablara con sus hermanos y trataran de viajar los tres juntos para visitarlo por un par de días, aunque eso significara que, llegado el momento del fallecimiento, el trabajo les impidiera regresar para el sepelio. Me cuestionó, sorprendido, si lo que yo estaba sugiriendo era porque su papá estaba en fase terminal, a lo que le respondí de forma honesta que definitivamente yo no lo veía con signos de terminalidad, sólo que mi intuición me decía que eso le daría mucho gusto a su papá, y que, sin duda, con su presencia, le alegrarían la vida.

Por fortuna me hicieron caso y al día siguiente, el martes, fueron llegando uno a uno a la casa de don José, y en la noche lograron reunirse los tres hijos con él. La última vez que habían estado todos juntos había sido hacía siete años, ya que por diversas razones no pudieron asistir los tres al mismo tiempo ni para el entierro de la mamá.

El miércoles estuvieron reunidos todos. Sacaron los álbumes de fotografías y recordaron la vida con su mamá; los viajes que hicieron en familia, las fiestas de sus hijos... entonaron canciones de la infancia y pasaron un día extraordinario. Cada uno encontró el momento oportuno para agradecerle a su padre la vida y hacer los cuatro pasos de sanación sugeridos.

Don José comentó su deseo de hablar con algunos familiares y amigos; unos pidieron permiso para visitarlo al día siguiente, y él decidió a quién sí quería ver y a quién no, sólo permitió que lo visitaran algunas de las personas más allegadas; la mayoría fueron contactos a través de llamadas cortas pero sustanciosas, muy emotivas.

El jueves fueron llegando las nueras, el yerno y algunos nietos, y por fin estuvo reunida toda la familia; don José estaba encantado, feliz. Esa tarde, después de darles una bendición a los hijos, a las 6:00 pm sorpresivamente falleció don José, rodeado de todos sus hijos y sus seres queridos, que, sin saberlo, vinieron a vivir con él los últimos días de su vida, y no tuvieron que viajar de urgencia para el entierro, cuando ya es más difícil hacer la despedida. Todos disfrutaron el momento y se quedaron con la sensación de plenitud en su corazón.

Éste es un ejemplo de la manera idónea en que se puede disfrutar en vida a un ser querido, y de hacer una reunión de despedida sin que sea estrictamente necesario.

Muchas veces las personas me preguntan cuándo es el momento oportuno de llamar a los familiares que viven en el exterior, o que no viven en la ciudad del paciente, y doy por respuesta este ejemplo vivido con la familia de don José. No es lo mismo viajar de urgencia para el funeral, que convivir un par de días con el paciente en vida, aunque el final no sea inmediato.

De igual manera, cuando alguien viaja y deja a su familiar enfermo, es recomendable que antes de irse se despida como si fuera la última vez que lo verá con vida, y no quedarse con nada pendiente por decirle. Si al regresar de su viaje el paciente sigue ahí, qué bueno... si no, ya no tendrá la urgencia de regresar al entierro, y se quedará con la satisfacción de haberse despedido y de haberle dicho todo lo que quiso decirle.

FERNANDO, cómo soltar las amarras

> Uno mismo se rompe el corazón, hacién-
> dose falsas ilusiones.
>
> Sabiduría popular

Fernando, hombre de 80 años, con diagnóstico de cáncer de páncreas con metástasis; le gustaba vivir la vida y todo lo que fuera naturaleza. Estaba casado con Soraya, una mujer 40 años menor que él que realmente lo cuidaba y amaba. Padre de tres hijos del primer matrimonio, que vivían peleando entre ellos.

Recibí una llamada telefónica de Becky, una querida amiga que es terapeuta de Patty, la hija de Fernando, y me solicitó que fuera a ver al paciente porque la hija lo veía muy decaído y ya no quería comer. Me hizo la atenta súplica de que no le hablara yo de prepararse para morir, porque lo que él quería (y todos los demás también) era vivir. Que fuera a hablar con él para darle ánimos.

Me sentí muy incómoda con la situación porque ésa no es mi labor y estoy en contra de ello; sin embargo, por la amistad que me une a Becky, le comenté que para poder aceptar hacer la visita era indispensable que me hablara la hija para solicitar y acordar la cita. Unos minutos después, Patty me llamó para concertar la reunión en casa de su papá.

Llegué a la hora acordada y me encontré con que no estaba la persona que me llamó, sino sólo Soraya, quien parecía muy abrumada. Me informaron que Fernando estaba dormido, así que solamente me entrevisté con la esposa. Me habló de lo maravilloso que era Fernando y de cómo amaba la vida; aseguró que sin duda iba a salir de ésta con vida, ya que él amaba vivir junto a ella, y estaba haciendo grandes esfuerzos por vivir.

Ante esta posición, y considerando la advertencia de no hablar de nada relacionado con la muerte, intenté platicar con ella sobre la "lejana posibilidad" de que la enfermedad no cediera y, por el contrario, fuera en crecimiento: ¿qué harían ante esa situación? De inmediato respondió que Fernando quería que se hiciera todo lo posible para mantenerlo con vida, que lo llevarían al hospital para que pudiera vivir; que no había posibilidad alguna de que ella lo dejara "tirar la toalla", y seguiría luchando hasta el final para mantenerlo con vida.

Me comentó que Patty, la hija, no estaba presente porque estaba tratando de conseguir un catéter más grueso para poder pasarle el alimento por ahí.

Desafortunadamente me di cuenta de que no había manera de entablar una conversación con ella, y con mucha pena con mi amiga Becky y dolor por Fernando y su esposa, decidí retirarme del domicilio, sin atreverme siquiera a cobrar mis honorarios.

Dice el dicho: "Tú no puedes ayudar a quien no quiere ser ayudado", y por mucho que hubiera intentado convencerla de la realidad que estaba sucediendo, no había poder en la tierra que le ayudara a verlo.

Becky me habló al día siguiente, molesta, para reclamarme que sólo hubiera estado hablando de la muerte con la esposa, porque ella se había quedado muy angustiada. Le expliqué que no era verdad, que nunca hablé de la muerte como tal, sino que nada más cuestioné qué pasaría si Fernando empeorara, si lo llevarían o no al hospital, y un poco del argumento que por lo general manejo.

Un par de días después de mi visita Fernando se agravó, y lo llevaron al hospital; lo ingresaron a terapia intensiva, donde falleció una semana después, aislado, acompañado sólo por el ruido de las máquinas del cuarto.

Es claro que la familia estaba destrozada, pues no comprendían cómo era posible que hubiera muerto cuando él tenía tantas ganas y motivos para vivir. Culparon de negligencia al médico, por descuido a la enfermera, al camillero porque golpeó la camilla al ingresar; todos eran responsables, excepto ellos.

Desafortunadamente al final tuvieron que firmar pagarés para que les entregaran el cuerpo de Fernando en el hospital, ya que su seguro de gastos médicos había sobrepasado la suma asegurada.

Comparto esta breve historia trágica porque me es doloroso ver cuando una familia está en negación, y no encuentro la manera de hacerla ver la realidad; lo siento como un fracaso de mi parte. Imagino que es parecido al sentimiento de frustración que vive el médico ante el hecho de no poder sanar a su paciente.

MARCOS, la familia veleta

> Cuando la muerte te separa de un ser querido... el recuerdo de su sonrisa siempre quedará en tu corazón.
>
> Sabiduría popular

Marcos, hombre de 49 años, con diagnóstico de cáncer en el cerebro por más de ocho años, con metástasis a pulmón y huesos. Casado con Ivonne por 24 años, padre de tres hijos de 21, 17 y 13 años. Durante cuatro años tuvo múltiples entradas y salidas a diversos hospitales en el mundo, siempre buscando un diagnóstico diferente, otro pronóstico, o deseando encontrar la medicina "mágica". Después de estar en remisión por dos años, en un chequeo de rutina descubrieron recaída y metástasis en etapa IV, y lo declararon en fase terminal. Su cuerpo ya estaba muy maltratado.

Acudieron a mí por asesoría de cuidados paliativos y para que los apoyara en la cuestión emocional, en virtud de que la esposa se negaba a aceptar el diagnóstico, y menos aún el pronóstico, por lo que los hijos tampoco podían conocer la realidad del estado de salud de su papá.

Acudí a una primera entrevista, donde observé que el hijo mayor, de 21 años, había asumido el papel de cabeza de la familia, el adulto al que le consultaban las decisiones, e incluso lo llegué a percibir como si fuera la pareja de su mamá, intentando protegerla. Él decidió suspender sus estudios para hacerse cargo de los pocos negocios vigentes de su padre.

Me dio la impresión de que la hija de 13 años estaba en un *impasse*, como desconectada del mundo, seguramente porque su dolor era tan grande que para ella parecía mejor evadirse de la realidad a través del teléfono celular. Sólo su cuerpo físico estaba presente; con ella nunca pude conectar ni platicar más de 10 palabras. La esposa y el hijo de en medio navegaban como veletas, no tenían opinión propia, y parecía que no terminaban de aceptar la enfermedad ni el pronóstico del próximo fallecimiento de Marcos.

En la reunión estuvieron presentes los papás de éste, quienes estaban viviendo la enfermedad actual de Marcos, y al mismo tiempo reviviendo la muerte años atrás de otro de sus hijos, un duelo no trabajado. Estaban devastados. Habían perdido ya todo su patrimonio buscando una curación, sin obtener resultados positivos.

Marcos pasaba todas las mañanas en la casa de sus papás y en la tarde se regresaba a la suya, para estar con sus hijos y su esposa; todos hacían lo humanamente posible para que él estuviera bien.

A pesar de estar en etapa terminal declarada, cuando se presentó una crisis respiratoria lo internaron una vez más, en la unidad de terapia intensiva, le realizaron una traqueotomía y lo conectaron a un respirador. Marcos estuvo 15 días aislado de todos, y después lo pasaron a terapia media, donde las visitas seguían siendo restringidas, pero con menor rigor. En una de las charlas que sostuvimos les sugerí que solicitaran al médico tratante la autorización para que pasaran a Marcos a un cuarto normal, y así pudiera ser visitado por sus familiares sin las limitaciones anteriores, independientemente de la gran diferencia que había en el costo económico del cuarto.

Considerando que no había forma de que lo atendieran en el domicilio, en este caso particular, lo mejor para Marcos y su familia fue haberse quedado internado en el hospital, en una habitación normal, donde no había restricciones de visitas y horarios.

Desafortunadamente la esposa vivió el proceso final en el papel de la víctima, no podía tomar decisiones, y menos aún las riendas de su familia. Asumió el papel de hija de su hijo y le dejó a él la carga de todas las decisiones.

Ya no tuve más contacto con la familia, sólo supe que Marcos murió en paz en el hospital, rodeado de su esposa, sus hijos y sus padres.

Siempre se debe buscar el bienestar del paciente, y tratar de tenerlo donde sea el mejor lugar para que él pueda trascender en paz. Incluso puede ser en un hospital, pero en cuarto normal, sin tanto control de visitas, comidas, horarios o vestimenta.

Resumen de lo que hay que saber

¿Alguna vez, estando en el mar, has sentido cómo te revuelca una ola, te arrastra, te golpea y provoca que todo te dé vueltas, sientes que no puedes respirar y el miedo te atrapa, y a pesar de ser un buen nadador, temes que no lograrás salir bien librado de ahí?

Ésta es una experiencia muy parecida a lo que se vive cuando se recibe un diagnóstico sobre una enfermedad progresiva, avanzada, que se encuentra fuera de control, que ataca múltiples órganos y que no está respondiendo al tratamiento curativo.

La noticia siempre llega como una inesperada ola que lo envuelve todo, y cuando el médico dice "ya no hay nada que hacer", de repente el mundo te da vueltas y sientes que no puedes respirar ni pensar; te ves dentro de un remolino de emociones que te hunde en un hoyo negro y no puedes ver la luz.

Esta avalancha de sentimientos la vive tanto el paciente como sus familiares ante la noticia de la pérdida de la salud y el posible fallecimiento próximo. Esta sensación podría ser pasajera si se identifica para poder afrontarla y trascenderla.

Cuando se presentan los signos de una enfermedad progresiva y que no tiene respuesta favorable al tratamiento curativo; cuando se muestra la primera metástasis en alguna parte del cuerpo; cuando comienzan a verse afectados otros órganos y se nota que la calidad de vida del paciente va en deterioro, debemos reconocer que la enfermedad está fuera de control y no existe tratamiento posible que la cure.

Aunque sabemos que ante estas características de la enfermedad las posibilidades reales de una sanación son muy pocas, nos aferramos a la esperanza de que un milagro suceda y logre revertir los síntomas.

En esta situación es necesario tomar decisiones prácticas en cuanto a seguir o no buscando un tratamiento curativo, continuar haciendo estudios cada vez más costosos e invasivos buscando otro diagnóstico y pronóstico, o cambiar el enfoque de atención del objetivo "sanar" a "buscar el confort" y tratar de mejorar la calidad de vida del paciente, hasta el último día.

Hay que replantear el enfoque de los esfuerzos para buscar mejorar la calidad de vida del paciente a través del control del dolor y de los síntomas que se presenten conforme avanza la enfermedad; significa buscar la opción de darles vida a los días cuando no podemos añadir días a la vida.

A continuación deseo compartir contigo algunos hechos básicos de lo que hay que saber para poder enfrentar y vivir esta etapa con el menor dolor y sufrimiento posible, en beneficio de todos los integrantes de la familia y que puedan salir fortalecidos de la experiencia. De manera más profunda lo podrás encontrar en el capítulo "Signos y síntomas del final de la vida".

Hay que saber que cuando uno está dentro de la ola emocional no puede ni debe tomar decisiones permanentes. Hay que dar un paso atrás, salir de la ola y pensar en frío para poder actuar de forma correcta. Esto quiere decir salirte de la rutina, realizar una caminata en soledad, buscar un momento de silencio para estar contigo, donde puedas observar y analizar la situación que se está presentando; ver las diferentes opciones reales que existen para poder ofrecer las mejores sugerencias.

Hay que saber que a través del modelo de atención de cuidados paliativos casi siempre se puede ayudar al paciente a que pase la última etapa de su vida sin dolor físico ni emocional, hay que buscar las herramientas apropiadas.

Hay que saber que una enfermedad terminal no sólo afecta al paciente, sino que involucra a todos y cada uno de los miembros de la familia y personas que están a su alrededor. Que se puede evitar el desgaste físico, emocional y material dejando de insistir con tratamientos infructuosos que sólo deteriorarán más el cuerpo y el bienestar del paciente, sin posibilidad real de sanación.

Hay que saber que, sin importar mucho la edad, el paciente es la persona más indicada para tomar las decisiones que tienen que ver con su vida: si decide aceptar o no continuar con un tratamiento invasivo, si quiere o no ser ingresado a una sala de terapia intensiva, si desea permanecer o no en un hospital, ser intubado y conectado a un respirador artificial, o permanecer en su domicilio para estar acompañado de sus seres queridos. Todas éstas son preguntas que se le deben hacer al paciente mientras está posibilitado para dar una respuesta.

Hay que saber que el paciente también está enfrentando su propia ola; está envuelto en un remolino de miedos, ya que le teme al dolor físico, a la soledad, al abandono, a perder el orgullo y la dignidad, a lo desconocido. Pelea por su pérdida de libertad e independencia; está viviendo su duelo ante su propia muerte y sus pérdidas son muchas, se está perdiendo a sí mismo. Necesita saber que ahí están ustedes para él y que no es una carga.

Hay que saber y conocer las cinco etapas básicas por las que se atraviesa en un duelo ante cualquier pérdida. Estas etapas son: la negación, la ira, la culpa o el regateo, la depresión y la aceptación. Todos, pacientes y familiares directos, están viviendo las diferentes etapas de su duelo de acuerdo con su manera de afrontar la vida y dependiendo de las herramientas que tengan para hacerlo. Si no abren el canal de comunicación entre todos, cada uno lo vivirá en soledad, en lugar de compartirlo con los demás.

Hay que saber que el actor principal de esta obra es el paciente, y él es quien está en el centro del escenario. Todos los demás deben crear un círculo virtuoso alrededor de él para acompañarlo a vivir su enfermedad con el menor desgaste posible, y ayudarlo a morir en paz. Que las palabras mágicas que podemos decirle son: "¿Cómo te puedo apoyar?" "Tú dime qué necesitas, que pueda darte yo, para que tú estés mejor."

Hay que saber que generalmente, cuando un paciente manifiesta que tiene dolor físico, es real, y se debe atender sin miedo a que desarrolle adicción al medicamento. Que no hay que dudar en darle los rescates necesarios para aminorar su malestar. También hay que evaluar la posibilidad de que su dolor sea emocional y no sepa cómo expresarlo.

Hay que saber que la familia puede salir fortalecida y unida de la experiencia, pero también que, ante el silencio y la guerra de egos, sus integrantes pueden terminar peleados y la familia disgregada al grado de no volver a reunirse. Éste es uno de los motivos que me impulsó a escribir las experiencias vividas, para evitar que esto último suceda en tu familia.

Hay que saber que ya se tiene poco tiempo y se requiere aprovecharlo de manera positiva. Dejar a un lado las peleas y deseos personales para enfocarse en el bienestar del paciente; escoger las batallas y evaluar lo que es más importante para él. Por ejemplo: la comida, el baño diario en regadera o levantarse de la cama son cosas que el paciente ya no requiere, pero a menudo es el familiar quien las considera indispensables. Hay que hacer una evaluación realista de los pros y los contras, siempre teniendo en cuenta que no vale la pena pelear con el paciente por ningún motivo.

Hay que saber que cuando un paciente manifiesta que ya no quiere comer, es uno de los síntomas que nos dicen que ha decidido no seguir viviendo. Aproximadamente 30 días antes del fallecimiento comienza un proceso de depuración a través del ayuno y la reflexión interior; el enfermo quiere estar dormido mucho tiempo, o desea estar en silencio, con él mismo; está haciendo una recapitulación de su vida, está haciendo su propio juicio final. No es correcto obligarlo a ingerir alimento ni hidratación de forma artificial, vía nasogástrica o intravenosa, pues eso lo único que realmente hará será invadir su cuerpo y alargar su agonía y sufrimiento de manera indefinida.

Hay que saber que el paciente sabe que está falleciendo, y se calla porque los familiares no se atreven a hablar del tema. Si logran platicar podrán realizar un lindo ritual de despedida. La doctora Kübler Ross decía: "Qué pena que al final de la vida nos separe una mentira". Se debe respetar el hecho de que su tiempo está terminando, y es preferible acompañarlo de forma amorosa en lugar de pelear y decirle: "Échale ganas".

Hay que saber escoger las batallas que sí son indispensables, como es: la administración estratégica y planeada con horario del medicamento para mantener el dolor y síntomas en un nivel bajo, y no administrarlo sólo cuando tiene dolor; lavarse los dientes y la lengua diario, aunque sea con una gasa, y los genitales y las axilas, aunque sea con una toallita; hidratarse vía oral, aunque sea poco, pero constantemente.

Hay que saber que cuando un paciente manifiesta que ve la imagen de una persona querida que ya falleció, no está alucinando; él ya está en una vibración diferente y alcanza a ver a esa alma o energía que viene para acompañarlo en su viaje final. Si tú estás listo para dejarlo ir, puedes aprovechar el momento y decirle abiertamente: "Tómale la mano y vete con él o ella, viene para acompañarte, no tengas miedo".

Hay que saber que el cuerpo del paciente se irá deteriorando día con día, y como una velita se irá acabando y apagando. No se puede detener este deterioro, pero sí ayudar para que sea lo más sutil posible. Acompañarlo y respetar su proceso es lo mejor que podemos hacer por él.

Hay que saber que el paciente tiene derecho de conocer su diagnóstico y pronóstico de vida; el médico es la persona indicada para notificárselo. Ocultárselo es quitarle la oportunidad de cerrar su ciclo de vida, concluir algún pendiente o despedirse de sus seres queridos. Si pregunta su pronóstico hay que responder que la enfermedad no está cediendo ante los medicamentos.

Hay que saber que es necesario platicar abiertamente con el paciente sobre sus deseos, y de ser posible, ayudarlo para que firme el "consentimiento de voluntad anticipada" ante notario público, o solicitarlo al departamento de Trabajo Social en el hospital. Aunque no se cuente con un documento oficial, si se conocen sus deseos, se podrá actuar en consecuencia. (Véase la sección "Voluntad anticipada" en el capítulo "Consideraciones al final de la vida".)

Hay que saber que cuando el paciente ya no puede manifestar su deseo por su estado de inconsciencia, es necesario que alguno de los miembros de la familia exponga si aquél comentó en algún momento de su vida lo que le gustaría que se hiciera; si no fuera así, su cónyuge tendrá que decidirlo en primer lugar; en segundo lugar, los hijos reconocidos, si los hubiera, y si no, los padres o tutores. Éste es un tema muy importante para tratar con el paciente mientras se pueda, a fin de evitar conflictos posteriores entre los familiares. (Véase la sección "¿Lo sabe tu familia?" en el capítulo "Consideraciones al final de la vida".)

Hay que saber que el cuarto donde se encuentra el paciente es como un santuario. Mantén los teléfonos en silencio, ponle la música que le gusta o la televisión de su agrado y acompáñalo; evita discusiones adentro. Un cuarto con muchas personas los atosiga e invade. Hay que darle su privacidad y dejarlo solo por algunos momentos, u ofrecerle compañía momentánea.

Hay que saber que hay un día donde parece que el paciente revive; se sienta, pide de comer, charla y se le ve franca mejoría. Este cambio nos indica que el fallecimiento está muy cerca, quizá a 24, o máximo a 48 horas. Podrán aprovechar para hacer una linda despedida, recordando episodios felices y agradeciendo a la vida.

Hay que saber que el contrario del amor no es el odio, es el miedo, y que éste podemos eliminarlo a través del conocimiento, porque el miedo paraliza y no permite demostrar el amor.

AURORA, indaguemos el dolor ajeno

En un abrir y cerrar de ojos cambia la vida, se acaba, disfruta el momento mientras lo vives.

Sabiduría popular

Aurora, mujer de 84 años, migrante de Europa, donde quedó toda su familia de origen. Madre de cinco hijos, viuda desde hacía mucho tiempo; mujer muy fuerte y totalmente independiente a su edad.

La señora Aurora sufrió una caída y fue operada de urgencia de la columna vertebral; estuvo internada en el hospital por más de 15 días, donde se quejó constantemente de un dolor que nunca lograron controlarle. Uno de los hijos era médico, y temía que su madre fuera a crear adicción a los calmantes, por lo que en muchas ocasiones le daba placebos en lugar de los rescates.

Cuando la dieron de alta del hospital, se fue a recuperar a casa de uno de los hijos, donde la nuera la atendía a toda hora; ella cuidaba que no le faltara nada, era la cuidadora principal.

La señora Aurora nunca terminó de recuperarse de esa operación. No podía caminar bien, necesitaba ayuda para moverse, y poco a poco su cuerpo se fue deteriorando, mientras cada vez podía hacer menos cosas por ella misma, al grado de que a los tres meses quedó postrada en la cama, y al poco tiempo ya ni siquiera intentaban levantarla para comer, y lo hacía recostada.

Un día comenzó a llamar a su mamá, y luego a uno de sus hermanos; días después repetidamente hablaba con éste, y le decía que mantendría guardado el secreto que tenían. Decía una y otra vez que ya se quería ir a su casa, y solicitó que llamaran al sacerdote, con el que estuvo platicando.

Un día en que por casualidad estaba yo en la casa de esa familia observé síntomas de que la señora Aurora ya estaba por trascender; le hablé a uno de sus hijos y le expliqué que yo veía que su mamá estaba muriendo, que quizá lo que necesitaba era verlo y despedirse de él. Cuando éste finalmente llegó, la abrazó y le gritó: "No te vayas, no me dejes. ¿Qué voy a hacer sin ti?" Inexplicablemente para mí, la señora Aurora no falleció ese día.

Pasaron más de tres meses y la señora continuó con vida porque tenía signos vitales, pero ya casi no estaba consciente ni participativa. Se quejaba día y noche de un dolor que nunca descubrieron y, a pesar del gran cuidado que le tenían, se le hicieron úlceras muy raras y profundas que no cerraron. Sus facciones mostraban mucha tensión, se le veía muy enojada.

El hijo que no la dejó morir iba ocasionalmente a visitarla en las tardes, y se quedaba sentado en el cuarto, viendo la televisión. No tenía ningún tema que hablar con ella, pero desgraciadamente tampoco quería dejarla ir.

Éste es un ejemplo de lo que es perder la gran oportunidad de permitir que el paciente se vaya en paz; a pesar de que el hijo deseaba que su mamá descansara, no estaba dispuesto a manejar la despedida y liberarla.

Desafortunadamente no pude apoyarlos, porque la comunicación familiar era muy pobre, y no querían escuchar versiones diferentes a sus creencias, dado que todos creían tener la razón. Al morir la señora Aurora, la familia se desintegró.

En este caso hay varios puntos que podemos observar:

Es importante saber que cuando un paciente manifiesta que tiene dolor, *siempre* hay que escucharlo y creerle, ya que su dolencia puede ser física o emocional, pero hay que investigarlo.

Algunos familiares manifiestan temor a que el paciente cree adicción a los medicamentos, lo cual es muy difícil que suceda al final de la vida, en primer lugar porque por lo general las adicciones se comienzan para cubrir necesidades emocionales. Y en segundo, en caso de que dicho peligro fuera real, ya qué importancia puede tener, si con eso se logra que el enfermo esté tranquilo y pueda morir en paz.

Cuando hay dolor incontrolable o angustia por parte del paciente siempre se puede optar por practicar la sedación paliativa, con el fin de que éste viva sin dolor ni sufrimiento.

Un método que ha ayudado en casos de dolor fuera de control es guiar al paciente para hacer una meditación a través de su respiración; pedirle que observe cómo entra y sale el aire de su cuerpo. Es un distractor que en ocasiones puede funcionar para tranquilizarlo.

ROSITA, la guerra de egos

Rosita, mujer de 82 años, madre de tres hijas y dos hijos, viuda hacía muchos años, comerciante, con sus facultades físicas y mentales disminuidas por la edad.

Ana María, la hija menor de Rosita, participó en una conferencia que di sobre los cuidados que requiere el adulto mayor, acerca de qué hacer y qué no para darle a éste calidad de vida hasta el final. Días después de la plática me llamó para exponerme su situación familiar y ver la posibilidad de tener una consulta junto con sus hermanos, ya que su mamá presentaba muchos de los síntomas que yo había mencionado en la charla.

Se tardó más de cuatro semanas en confirmarme la reunión, porque le costó mucho trabajo ponerse de acuerdo con sus cuatro hermanos acerca de la fecha y hora de la consulta. Finalmente, el día señalado para la sesión, fueron llegando uno por uno de acuerdo con sus propios horarios, por lo que la consulta comenzó 40 minutos más tarde de lo acordado.

Cada uno expuso su posición ante el desarrollo de la enfermedad de su mamá; eran cinco versiones y puntos de vista muy diferentes. No lograron ponerse de acuerdo en el diagnóstico ni en el pronóstico, y se notaba que había un ambiente hostil entre ellos.

Las tres hijas procuraban visitar a su mamá todos los días, aunque Rosita transitaba entre la conciencia y la inconsciencia de forma intermitente. Tenía muchas etapas de sueño y desconexión mental durante el día. Ellas estaban físicamente presentes en la casa, aunque en realidad se dedicaban a responder sus llamadas personales y mensajes del celular, y en ocasiones no entraban al cuarto a verla durante sus visitas. Los hijos varones iban en ocasiones, y siempre con el celular en la mano.

Al decir de cada uno de sus hijos, Rosita tenía reacciones y posiciones diferentes, ya que uno comentaba que su mamá, estando lúcida, le había dicho que quería ir al hospital, mientras otro afirmaba que le hizo jurar que no permitiría que la llevaran de nuevo al hospital.

No pudieron ponerse de acuerdo en el diagnóstico de Rosita, ya que cada uno de los hijos la había llevado con otro médico especialista que solicitaba nuevos exámenes, y cada uno daba su propio diagnóstico y tratamiento. Al salir de las consultas, cada hijo obligaba a que la cuidadora cambiara el esquema de los medicamentos, para así poder incluir la nueva receta.

En lo único que sí estuvieron de acuerdo los cinco hermanos fue en afirmar que la preocupación y pendiente de Rosita era la mala relación que tenían entre ellos, los hermanos, y su temor a que la familia se desintegrara una vez que ella trascendiera.

Durante la época de la pandemia por covid-19 dos de las hijas se mantenían totalmente resguardadas para no contagiarse ni ser portadoras del virus, porque deseaban poder estar cerca y abrazar a su mamá, pero los hombres se oponían a que sus hermanas se le acercaran, y uno amenazó con proceder de manera legal si algo llegara a pasarle a Rosita por contagio del virus.

Al exponerles a los cinco hermanos lo que por lo general manejo con las familias sobre la evolución y pronóstico de la paciente, en este caso, Rosita, no hubo manera de que lo aceptaran ni se pusieran de acuerdo y hasta comenzaron a agredirse verbalmente entre ellos. Con mucha pena tuve que dar por concluida la sesión después de dos horas, sin haber podido llegar a ningún tipo de acuerdo entre los hermanos.

En ocasiones hablaba yo con Ana María, que hacía funciones de cuidadora principal, para preguntar cómo iban y ver si podía apoyarlos de alguna manera. Me enteré de que durante los siguientes seis meses siguieron llevando a Rosita de consulta en consulta, con exámenes, radiografías, exámenes de laboratorio y todos los estudios posibles, siempre buscando un diagnóstico y pronóstico diferentes.

Después del fallecimiento me enviaron las medicinas que sobraron para que pudiera yo donarlas a otros pacientes que lo necesitaran; había medicamentos muy costosos, de los que solamente se utilizó una o dos dosis.

Me reportaron que cuando Rosita falleció, su cuerpo estaba muy deteriorado, muy lastimado; murió angustiada y muy enojada. Los hijos no lograron ponerse de acuerdo y unirse, ni siquiera para hacer juntos los rituales de defunción.

Ésta fue una situación que nunca había experimentado, y me parece muy importante exponer que también se puede vivir el fallecimiento del ser querido con gran dolor, sufrimiento y rompimiento de los lazos familiares, los que en este caso sin duda ya estaban rotos tiempo atrás; pero esto es parte de lo que se debe y puede evitar al final de la vida del ser querido.

En consulta individual tuve la oportunidad de poder ver a las tres hijas para que trabajaran sus conflictos personales con Rosita y le ayudaran a trascender. Había mucha historia de injusticias en la familia, que finalmente no pudieron resolver.

Me pareció que el hecho de que cada hijo llevara a su mamá con otro especialista fue una guerra de egos y protagonismo y, al final, la única perjudicada fue Rosita.

GLORIA, el adeudo emocional

> Respeta la vida de los demás aunque no es-
> tés de acuerdo y no entiendas sus razones.
>
> Sabiduría popular

Gloria, mujer de 87 años, mamá de Lourdes y Yolanda, estuvo casada con Ramón por 45 años. Ramón era un señor
muy simpático para el mundo, con el pequeño detalle de que
dentro de la casa era alcohólico agresivo y murió de cirrosis
35 años atrás.

Un poquito de historia para comprender el contexto:
conozco a la familia desde hace muchos años, eran amistades de mis papás. Estoy al tanto de su triste historia de
alcoholismo, traiciones, desamores y engaños familiares.
Yo era amiga de las hijas, y sé bien que nunca se llevaron
bien entre ellas por cuestión de celos, rivalidades y envidias; las dos tuvieron problemas serios de alcohol y drogas
a lo largo de su vida.

Lourdes, la hija menor, se casó dos veces y se fue a vivir
a otro país. Yolanda, la mayor, también se casó dos veces y se
quedó a vivir en México al cobijo de Gloria, su mamá, quien
tenía muy buena posición económica; con el buen pretexto

de cuidarla y acompañarla, Yolanda se vio muy beneficiada económicamente.

La ambición de Yolanda la llevó a tomar más dinero de lo que había pactado con su madre, y cuando Gloria lo descubrió, se generó un fuerte pleito y resentimiento entre madre e hija, al grado de que por un periodo corto de tiempo hubo un rompimiento total en la relación, hasta que Yolanda reconoció su error y le pidió perdón a su mamá.

Lourdes, la hija menor, vive en Canadá y siempre había estado muy distante, no tenía buena comunicación con su mamá, pero cuando por casualidad, a través de un primo suyo, se enteró del robo de su hermana a su mamá, aprovechó la oportunidad para acercarse por teléfono un poco más a su madre, y hasta viajó para visitarla. Cuando Yolanda y Gloria se reconciliaron, Lourdes se enojó muchísimo y rompió toda comunicación con su mamá.

Un día me encontré a Gloria en la calle y me invitó a tomar un café a su casa para charlar, como en los viejos tiempos. Cuando fui a visitarla platicamos de muchas cosas, y de forma directa y con tristeza me compartió sus dolencias emocionales.

Entre otras cosas, me confirmó lo que yo había escuchado sobre el abuso de confianza y robo del dinero por parte de su hija Yolanda, y también del pleito que había con Lourdes. Me confesó que se sentía defraudada por ambas hijas y muy sola, a pesar de tener aún un buen grupo de amigas que la buscaban para ir a comer juntas; ella sentía que su vida no había tenido sentido. Ese día me despedí de Gloria con el cariño de siempre, lamentando profundamente su situación familiar.

Tiempo después de mi encuentro con Gloria me llamó Yolanda, solicitándome que fuera a ver a su madre para platicar con ella y ayudarle, porque tenía muchos días que no había querido comer y estaba como dormida, y no podía despertarla. Con tristeza en mi corazón de inmediato fui a verla, y tomando en cuenta los antecedentes que mencioné arriba, imaginé que Gloria no podía morir en paz por la ruptura con la hija menor y el pleito entre las hijas.

Al llegar a la casa encontré a Gloria en estado agónico, muy demacrada, su color era cenizo, y ya no respondía al exterior. No había nada que hacer físicamente con ella, más que acompañarla y ayudarla a trascender. Le sugerí a Yolanda que hiciera el ritual de los cuatro pasos de sanación y se comunicara con Lourdes para que ésta se despidiera, aunque fuera por teléfono. Me comentó que no tenía manera de localizar a su hermana, y al sugerirle que hiciera los cuatro pasos de sanación, de forma soberbia me respondió que ella ya le había dicho a su mamá los cuatro pasos y que no tenía pendientes con Gloria.

Percibí que Yolanda estaba en papel de víctima y que ella quería ser la protagonista del momento, lo que yo no me presté a reforzar. En honor a Gloria y al cariño que le tenía, decidí hacer lo que sé que se tiene que hacer en esos momentos: busqué la manera de localizar a Lourdes en Canadá. Con muchas dificultades lo logré y la llamé, intenté explicarle la situación terminal en la que se encontraba su mamá, y mi percepción de que necesitaba escucharla para poder trascender.

En un principio se negó a hacerlo, ya que su enojo y resentimiento eran mayores que el amor a su madre. No dejaba de hablar mal de su hermana y del daño que ésta le había generado a ella y a su mamá, y agregó que sólo estaba dispuesta a decirle a su madre que ella, Lourdes, la perdonaba. Después de escucharla despotricar por un buen rato, creí haber logrado que se diera cuenta de que en ese momento lo más importante era el próximo fallecimiento de su mamá y no el pleito con la hermana; que su madre necesitaba escuchar su voz y su perdón para poder irse.

Le puse el teléfono al oído a Gloria y le sugerí a Lourdes que hiciera los cuatro pasos de sanación, lo que no logró hacer. Sus palabras estaban llenas de rencor y odio hacia su hermana y a su mamá. Escuché que le decía: "Mi alma te perdona, pero yo no puedo". Le pedí que colgara y recapacitara en lo que estaba sucediendo, que se diera la oportunidad de cerrar ese capítulo de su vida, y le permitiera a su mamá hacerlo también.

Al poco rato Lourdes volvió a llamar a la casa y vi que le pusieron el teléfono en el oído a Gloria. Ya no supe qué fue lo que le dijo, pero dos horas después de esa llamada, Gloria finalmente murió, y no puedo decir que en paz.

Es importante destacar que cuando existe un pleito pendiente de resolver es muy difícil para una persona poder fallecer en paz, más en casos como éste, donde la mamá sabe que las dos hermanas se pelearán a muerte por la herencia y la familia se desintegrará definitivamente.

Un padre y una madre *casi siempre* necesitan despedirse de sus hijos, sin importar su historia; cuando hay un hijo perdido, desaparecido, que no saben si vive o murió, que hace mucho tiempo no saben de él, que no está presente por alguna razón, o que es un hijo nacido fuera del matrimonio, es importante mencionarlo y, de ser posible, intentar traerlo al grupo familiar para permitir que se despida. Si no se puede hacer físicamente por alguna razón, aunque sólo sea mencionar su nombre les ayuda a tenerlo presente.

En este caso, si Lourdes no hubiera querido hablar con la mamá, yo habría tratado de hacer la despedida diciéndole: "En nombre de Lourdes, te agradezco y te pido perdón", y hubiera hecho los cuatro pasos de sanación en su nombre.

MARIBEL, cuando no se está listo para soltar

Raymundo es un querido amigo que ha vivido muy de cerca mi trayectoria profesional, y me ha acompañado y apoyado en muchas de mis aventuras. Hemos platicado mil veces del concepto de cuidados paliativos, calidad de vida y tanatología, y ha asistido a varios de mis talleres y ayudado en la corrección de estilo de algunos de mis artículos, por lo que conoce bien del tema.

La señora Maribel, mamá de Raymundo, era una mujer de 88 años de edad, muy fuerte, autoritaria; a ella le gustaba participar en clases de música, baile y pintura, y su hijo aprovechaba ese gusto para departir y convivir con ella.

Tuve la oportunidad de atender a la señora Maribel cuando su mamá, doña Olga, estaba en fase terminal a la edad de 100 años, e intenté orientarla para que lograra reconciliarse y despedirse de ella. Desafortunadamente, por la mala relación que siempre habían tenido, la señora Maribel no lo logró, y se quedó muy enojada con Olga y con Raymundo, por las atenciones que éste le brindaba a su abuela.

Después del fallecimiento de doña Olga, la señora Maribel comenzó a presentar achaques propios de la edad, y poco a poco su cuerpo se fue deteriorando. Dejó de caminar y se volvió totalmente dependiente de un cuidador, pero ninguno aguantaba trabajar mucho tiempo con ella por su mal carácter, por lo que tenía mucha rotación de personal.

En algún momento le compartí a Raymundo mi opinión sobre la posibilidad de que su mamá quisiera llamar su atención, ahora que ya no estaba su abuela, para que él cuidara de ella como antes lo hacía con doña Olga. Él ratificó la sospecha de que ése pudo haber sido un punto de celos y resentimiento de su mamá con su abuela.

En una ocasión, la señora Maribel fue internada en el hospital por una pulmonía, la cual días después derivó en neumonía y al final la llevó a terapia intensiva, donde terminó con traqueotomía e intubación. No obstante, salió de ese cuadro pulmonar y la pasaron a un cuarto normal, donde el neumólogo la dio de alta. Sin embargo, resultó que como ya no quiso comer, presentó signos de anemia y no la dejaron salir del hospital hasta que la estabilizaran.

El médico sugirió entonces alimentarla temporalmente por vía parenteral, y, a pesar de que la señora Maribel no lo quería, Raymundo le insistió y la convenció para que aceptara el procedimiento, que sería sólo por unos días, mientras se estabilizaba y recuperaba fuerzas (y quizá también para que él se preparara para dejarla ir). La señora Maribel fue sacada del hospital dos meses después con traqueotomía, sonda nasogástrica, sonda urinaria y casi sin reaccionar. Se le notaba el ceño fruncido.

Así estuvo, conectada a los tubos, sin hablar ni manifestarse por más de un año, y sin responder ya al estímulo exterior. En algunas ocasiones en que le ponían música abría un poco sus ojitos y como que reaccionaba de alguna manera;

sin embargo, en su rostro mostraba mucho enojo la mayor parte del tiempo.

Raymundo me llamó un día para saludarme y, entre otras cosas, me comentó la situación de su mamá, como no dando mucha importancia al asunto. Me sorprendió y dolió que no me hubiera compartido esta situación con anterioridad. De inmediato lo visité en casa de Maribel para evaluar la situación y ver la forma en que podía apoyarlo.

Raymundo aceptó que ése no era el final de vida que quería su mamá y recordamos las charlas sobre el modelo de atención de cuidados paliativos y todo lo que alguna vez habíamos platicado. Reconoció y estuvo de acuerdo en ir disminuyendo paulatinamente la cantidad de alimento que le proporcionaban vía nasogástrica, con la esperanza de que su cuerpo se fuera apagando solito, pero después me enteré por el cuidador de que el hijo le indicaba que le dieran suplemento vitamínico líquido entre comidas.

Raymundo supuestamente hizo el ejercicio de los cuatro pasos de sanación y dijo que estaba listo para soltarla, pero... no era verdad. Me confesó que entendía todo lo que yo le decía, y a pesar de todo lo que yo le había dicho, y sugerido hacer, él no estaba listo para dejarla ir; dijo que conocía toda mi teoría, pero su corazón no podía soltarla aún. Al mismo tiempo deseaba que ya descansara, pero no que se fuera.

Por mucho que hablé con él, nunca estuvo listo para dar ese paso, pues, según me reveló, tenía miedo de lo que sería de él después de que ella no estuviera. Su boca decía que estaba listo y aceptaba que se fuera, pero su corazón seguía haciendo todo lo posible por mantenerla con vida, aunque ésta fuera artificial.

No importa qué tanto conoces la teoría si no la puedes llevar a la práctica. De alguna manera, preocuparse y atender a su mamá le daba sentido a su vida, y él temía a lo que sería su existencia sin ella; no quería volver a quedar huérfano, como cuando murió su papá.

Año y medio después, finalmente el cuerpo de la señora Maribel descansó y Raymundo, su esposa y sus hijos también. No se puede cotizar el precio que pagaron todos los miembros de la familia por mantener a la señora casi dos años con vida artificial, cuando en realidad todo eso se pudo haber evitado.

En un caso muy parecido vivió la señora Magdalena, de 104 años; su hija me confesó que no podía ni quería hacer el ejercicio de los cuatro pasos, que ella no quería que su mamá trascendiera... ¡Porque se sentía muy orgullosa al decir que su mamá tenía 104 años!

ROSALBA, el secreto familiar

A mayor capacidad de perdón, mayor capacidad de amar; mayor plenitud.

ALFONSO RUIZ SOTO

Rosalba, mujer de 78 años, madre de cuatro hijos, cabeza de familia desde hacía 15 años, cuando murió su esposo; creyente y practicante de la religión católica.

Una de las hijas solicitó una consulta en virtud de que Rosalba manifestaba varios problemas físicos en diferentes órganos: cáncer con metástasis, diabetes, problemas del corazón, insuficiencia pulmonar, fuertes dolores y malestares que no cedían a los medicamentos. A pesar de esto, Rosalba se resistía a morir; tenía mucho miedo a la muerte y en las noches, entre sueños, gritaba que "no diría nada", "que lo mantendría en secreto", y ya despierta, negaba que eso hubiera ocurrido.

Sostuve una reunión con los hijos y no quedó claro cuál podía ser el pendiente de Rosalba, qué era lo que la mantenía aferrada a la vida. Los hijos manifestaron que harían los cuatro pasos de sanación y la dejarían ir tranquilamente.

Una semana después de la reunión me comentaron que Rosalba cada vez estaba más angustiada y solicitaron que fuera a entrevistarme con ella para ver si podía yo descubrir lo que la atormentaba.

Acudí a la consulta con Rosalba; tuvimos una charla muy amena sin que ella mostrara señales de tener algún problema, hasta que tocamos el tema de sus hijos, y fue cuando percibí que ahí estaba atorado algo que ella se negaba a reconocer. Me comentó que estaba preocupada por el hecho de que el hijo mayor tomaba de más y consumía drogas.

Por intuición le hablé de la importancia que tienen los secretos familiares, y de las repercusiones que puede haber de no aclararlos antes del fallecimiento. Fue en ese momento cuando Rosalba comenzó a llorar y con mucho dolor me confesó que uno de los hijos no era de ella, que había sido producto de un amorío de su esposo, y él le pidió que lo adoptara como su hijo. Ella lo recibió recién nacido y lo crio, al igual que a los otros hijos, intentando que no hubiera diferencia entre ellos. Nunca lo había platicado con nadie y precisamente el hijo adoptado era el mayor, el que estaba metido en problemas. Me hizo jurarle que jamás revelaría su secreto, que no lo comentaría yo con nadie, quería que se quedara entre nosotras (aquí lo hago de forma anónima).

Le reiteré la importancia que tienen los secretos dentro del sistema familiar, pues tarde o temprano salen a relucir de diversas maneras, entre ellas, y la más común, la existencia de adicciones. Agregué que con el solo hecho de reconocer el secreto y hacerlo consciente podía estar ayudando para que el sistema familiar lo reconociera; que era importante darle al muchacho su lugar como hijo adoptado y reconocer y agradecer a su madre biológica por la oportunidad que le dio a ella de haberlo criado. Que no era necesario comunicarle al hijo su origen si ella no quería, pero sí que le diera para ella el lugar que le correspondía.

Tuvimos una linda despedida con mucha gratitud de su parte. Unos días después recibí el mensaje de que Rosalba había trascendido en paz.

Hay situaciones familiares que si se mantienen en secreto, tarde o temprano salen a relucir; en ocasiones como desequilibrio físico, emocional o a través de enfermedades. Repito, los secretos son como una olla exprés que requiere sacar el vapor; si no lo expulsa, la olla estalla. Éste es un tema de constelaciones sistémicas que toco brevemente más adelante.

La familia como acompañante del paciente

> Hay gente que no te dice que te quiere
> porque le cuesta expresarlo. Pero te cuida,
> pero se preocupa por ti, pero te escucha...
> Y eso también es decir *te quiero*.
>
> Sabiduría popular

Cuando en el seno de una familia uno de sus integrantes está enfermo o es adulto mayor, y deja de comer, no quiere continuar con su tratamiento, se muestra muy irritable, padece gran enojo y se torna agresivo contra su cuidador y sus familiares, y éstos observan que su cuerpo se está debilitando, y sienten que ya no son capaces de atenderlo, es cuando generalmente recibo una llamada para que me haga cargo y atienda a su paciente.

Los familiares siempre insisten en que la consulta es para el familiar enfermo y no para ellos; sin embargo, antes de acceder a verlo les pido que me permitan tener una reunión con la familia, en la que estén presentes los integrantes más cercanos, con el fin de comprender la situación que vive el paciente y buscar la manera de mejorar su calidad de vida. En esa reunión, la pregunta

ABRAZAR HASTA EL ÚLTIMO ALIENTO

clave que tendrán que responderse es si *ellos* están listos para dejarlo ir.

Involucrar a todos los miembros de la familia en una reunión de esa naturaleza en ocasiones no es una tarea fácil, ya que en el grupo puede haber rencores guardados, miedos no expresados, secretos no compartidos que no quieren exponer en público y, en el fondo, lo que la mayoría más teme escuchar es que su ser querido va a fallecer.

En esas ocasiones suelo preguntarles si conocen los deseos del paciente. Por ejemplo, si en caso de emergencia quiere ser o no llevado a un hospital, si desea ser o no intubado, o recibir o no medidas extremas de resucitación. Normalmente este tema no se comenta, y en caso de una necesidad urgente se toman las decisiones de manera precipitada de acuerdo con la valoración que haga quien esté en ese momento con el paciente. En cambio, platicar de esto les ayuda a darse cuenta de que la decisión se está tomando con base en los deseos del paciente y siempre buscando su beneficio, quitándoles a ellos mucha carga de culpa.

Las decisiones que se tomen en la reunión deberán ser respetadas por todos los miembros de la familia, presentes y ausentes; sin excepción deberán ser tomadas en beneficio del paciente, respetando sus deseos y consensuando todos los puntos del acuerdo en el seno de la familia, para que todos estén en el mismo canal de información.

Legalmente, las personas que deben tomar las decisiones son: en primer lugar, el paciente, y los familiares deberán de respetarlo. Si es adulto y no puede expresar lo que quiere, y no tiene firmado el consentimiento de voluntad anticipada, el cónyuge es quien deberá tomar las decisiones por él, de acuerdo con las pláticas sostenidas entre ambos en algún momento; si la pareja no puede, serán los hijos, o sus padres si todavía los tuviere; en caso de tratarse de un menor, decidirán sus padres o tutores; siempre les sugiero que platiquen con el paciente y escuchen lo que él quiere que se haga, sin importar la edad que tenga.

Cuando se logra llevar a cabo la reunión familiar con el mayor número de integrantes posible (en caso de que alguno no pueda asistir, les recomiendo que se unan a través de una llamada telefónica o por video), comienzo por preguntarles qué saben del diagnóstico y pronóstico del paciente, visto desde los ojos de cada uno; indago un poco sobre la personalidad del paciente y su relación individual con ellos.

Por lo general a estas alturas ya no se cuenta con mucho tiempo, y los familiares requieren conocer la realidad por cruda que ésta sea; necesitan recibir toda la información lo antes posible, con el fin de poder actuar en consecuencia, así que todo debe de ser abordado en una sola reunión, y agotar todos los temas posibles.

Mi misión es llevarlos a buen puerto, lo que siempre consiste en apoyarlos para que el paciente muera en paz con el menor desgaste y sufrimiento viable, y que la familia se quede lo más tranquila que sea factible.

Mi labor es servirles como consultora y mediadora, ayudarlos a que vean la situación real por la que atraviesan tanto el paciente como los miembros de la familia directa. Ello implica brindarles las herramientas necesarias para que puedan establecer una mejor relación con el paciente y, en general, mejorar la comunicación entre todos los miembros de la familia, quitando los egos individuales, poniendo en el centro de la atención las necesidades del paciente, y, entre todos, buscar brindarle la mejor calidad de vida que se pueda lograr.

Conocer la verdadera situación por la que atraviesan les ayuda a evitar el sufrimiento que se genera por esperar otros resultados, y también para prepararse a realizar los trámites finales necesarios, como comprobar si hay o no testamento, convenir los arreglos funerarios, revisar situaciones bancarias, pertenencia a sociedades, y otros más de último minuto, que sin duda surgirán. (Véase la sección "¿Lo sabe tu familia?" en el capítulo "Consideraciones al final de la vida".)

Siempre investigo cuál podría ser el pendiente que tenga el paciente, que puede ser la pareja, un hijo con discapacidad, con necesidades especiales, con adicciones, un desaparecido, otra familia, el negocio, o muchos más. Es necesario abordar y aclarar cómo los familiares atenderán ese pendiente, con el propósito de manifestarlo al paciente para que pueda trascender en paz.

La familia se sorprende y en ocasiones se molesta cuando le digo que su pariente va a morir y necesitan prepararse; no se sabe cuándo ni cómo, puede ser en unos días, semanas, meses o quizá un año, dependiendo de su estado, pero es necesario que tengan presente que es finito, que la enfermedad está fuera de control, que el paciente requiere concluir con sus pendientes y que ellos pueden ayudar a lograrlo.

Se puede detectar la negación por parte de algunos de los integrantes de la familia, acerca de la posibilidad del próximo fallecimiento. En ocasiones, de seis hijos, cuatro reconocen que sí está en fase terminal, y dos dicen que va a sanar, y que ellos harán todo lo posible para lograrlo, como si dependiera de su voluntad o su deseo.

Una vez concluida la sesión familiar, a los asistentes les queda claro que la consulta solicitada en un principio para el paciente era en realidad para los familiares; resulta increíble observar la expresión de angustia en el rostro de las personas al iniciar la reunión, y las imágenes de tranquilidad que reflejan al terminarla. Y todo es porque despejaron sus dudas, validaron lo que están viviendo y reconocieron que sí cuentan con las herramientas necesarias para convivir con su paciente, lo que les ayudó a perder el miedo a la muerte y poder vivir la última etapa en plenitud.

Nadie está capacitado para ver morir a un ser querido. Sin embargo, sí es posible prepararse para ello; lo que todos desean de forma consciente o inconsciente es que el paciente deje de sufrir, observan cómo, día con día, su cuerpo se va apagando, y sufren porque no ven una recuperación, ni se cumplen sus expectativas de sanación. Es necesario comprender que el paciente no dejará de sufrir porque va a curarse, sino que será a través de que su cuerpo se extinga que logrará liberarse.

Cómo ayudar al paciente para mejorar su calidad de vida

Lo más importante de todo es que el paciente permanezca estable, con el menor dolor posible y los síntomas controlados, y esto se puede lograr a través de una buena administración de los medicamentos. El dolor físico casi siempre se logra controlar, y cuando ya no es manejable, se puede y se debe hablar con el médico de una sedación paliativa.

En ocasiones es el dolor emocional el que no se ve ni resuelve, y a pesar de que el paciente manifiesta ciertas necesidades, como el deseo de ver a su hermano para resolver un conflicto antiguo, los hijos no permiten que el tío entre a la casa por un hecho que sucedió años atrás.

Otro de los muchos ejemplos que hay es que el paciente quiere pedirle perdón a la exesposa, o a los hijos, o reconocer a un hijo excluido. Debemos ayudar a concluir estos pendientes.

Es muy importante comprender que todos han de ver por el bienestar del paciente, que es él quien da la pauta de lo que se debe y no hacer. Él dice a quién quiere ver y a quién no, y los familiares deberán respetar su voluntad y ayudarlo a que la cumpla. Él es el director, el escritor y el actor principal de esta obra, la última de su existencia; es su graduación.

Práctica de la escucha consciente

Cuando alguien se dirige a ti esperando ser escuchado y comprendido es porque necesita comunicarse y sentir que te interesa lo que dice; al poder compartir contigo sus sentimientos, sus dudas, los pendientes o las emociones que está viviendo, se producirá un cambio positivo en él, gracias a lo cual disminuirá su ansiedad.

Por lo general, cuando estamos escuchando a alguien nuestra mente está ocupada en otras cosas; podemos estar revisando la lista de pendientes, la próxima actividad a realizar, qué le vamos a responder, o asociamos lo que dice con alguna vivencia parecida… De aquí surge la falta de entendimiento y empatía, porque en realidad no ponemos nuestra atención en lo que está sucediendo; no escuchamos lo que nos quiere transmitir.

Para poder establecer una buena comunicación existen habilidades y reglas que debemos aprender a manejar eficazmente:

1ª. Hacer silencio interior, estar presente.
- Inhala y exhala, sólo observa tu respiración.
- No juzgues ni interpretes, sólo escucha.
- Si tienes dudas, pregunta.
- No traigas al presente rencores pasados.
- Observa si tienes alguna asociación con alguien no deseado.
- Si de verdad no puedes dejar a un lado tu enojo pasado, retírate de ahí, harás más daño estando presente.

2ª. Hacer silencio exterior, mantenerte concentrado y atento.
- Por unos minutos, apaga tu celular y desconéctate del mundo exterior para poner tu intención en comunicarte sinceramente con ese otro ser que está frente a ti, con la persona que estás escuchando y sosteniendo la conversación.
- Deja que te cuente su historia, aunque sea por milésima vez, e intenta mostrarle que siempre es una novedad para ti. No lo interrumpas ni le digas: "Ya me lo contaste, eso no es verdad, tú no te acuerdas bien, yo estuve presente y pasó así..."
- Deja que se exprese y te diga, a su manera, todo lo que quiera decirte. Recuerda que está haciendo un

recuento de su vida y, a veces, las personas necesitan compartirlo. En otras ocasiones prefieren guardar silencio, y en ambas circunstancias debemos respetar su decisión.

- Compártele los buenos recuerdos que tengas de él o ella. Hazle saber que su vida bien ha valido el esfuerzo.

3ª. Utiliza la empatía.

- Intenta comprender lo que está viviendo la otra persona.
- Pregúntale abiertamente: "¿Cómo puedo ayudarte? ¿Qué puedo hacer por ti?" Eso facilitará que te diga lo que quiere o requiere, y no tengas que estar adivinándolo y dándole lo que tú crees que puede necesitar.
- Percibir las etapas del duelo por las que atraviesa el paciente también ayudará a mantener una comunicación más abierta.

4ª. Tener presentes los cuatro acuerdos del doctor Miguel Ruiz:

1) *Sé impecable con tu palabra.*

   Que lo que salga de tu boca siempre sea el bendecir, el hablar bien de los demás, y que lo que ofrezcas lo cumplas.

2) *Nada es personal.*

   Hay circunstancias que te pueden hacer sentir ofendido si las tomas de manera personal, sobre todo con el paciente, ya que, dentro del duelo que está viviendo, él está enojado con el mundo, y no

LA FAMILIA COMO ACOMPAÑANTE DEL PACIENTE

tiene la capacidad de agradecer por lo que estás haciendo en su favor.

No engancharse con las reacciones del paciente o con las de alguno de los otros miembros de la familia.

3) *No supongas.*

Si tienes dudas, pregúntalo cuantas veces necesites escuchar la respuesta. No asumas nada. Pregunta todo.

4) *Da siempre lo mejor de ti mismo.*

Cuando sabes que diste lo mejor de ti, te quedarás con la satisfacción del deber cumplido, sin importar la opinión o aceptación de los demás.

5°. Desarrolla tu paciencia.

El mejor acompañamiento que podemos brindar a cualquier persona es estar ahí, de manera presente, y ayudar a expresarse y que identifique sus emociones. Se trata de escuchar con atención lo que los pacientes intentan transmitirte; ellos son los importantes, no nosotros. Es necesario validar sus emociones y no tratar de minimizarlas.

No intentes educar al paciente. Si te avergüenza la manera en que come, si ha perdido el pudor y las "buenas maneras", no lo expongas en público. Para él no es necesario asistir a ningún evento social; es a ti a quien le interesa que asista. Si son tu papá o tu mamá, recuerda que ellos te tuvieron la paciencia necesaria para enseñarte a caminar, comer con los cubiertos, cambiarte el pañal y la ropa cuando te ensuciabas. Ahora es una

oportunidad que la vida te da para poder retribuir-
les en algo lo mucho que ellos te dieron.

Respetar, en todo lo posible, los deseos del paciente

Mientras él o ella tenga vida y pueda expresarse, debemos respetar su voluntad y preguntarle qué es lo que desea, desde si quiere o no continuar con el tratamiento, ser
ingresado o no al hospital y si, en su momento, quiere
ser enterrado o incinerado.

El paciente necesita sus tiempos de soledad, tiene
mucho que trabajar dentro de sí mismo, ya que está cerran-
do su ciclo de vida, está haciendo su recuento y su propio
juicio final; debemos preguntarle si quiere o no compañía
y respetar su respuesta.

Lo que sí se puede hacer es tomarlo de la mano y preguntarle: "¿Qué puedo yo hacer por ti? Oriéntame en la
manera en que puedo ayudarte para que estés cómodo,
para que te sientas mejor, y no te dé yo lo que crea que
puedes necesitar, sin tomarte en cuenta". "Ayúdame para
poder ayudarte."

No pelees con él porque piense diferente a ti, sólo
escúchalo y acompáñalo; no es momento de educarlo ni
de ajustar cuentas pendientes, pero sí te es permitido decirle lo que te dolió. Al realizar los cuatro pasos de sanación
encontrarás las herramientas necesarias para hacerlo.

No temas hablar sinceramente con él o ella

Nunca dejes una plática para mañana, quizá ya no tengas tiempo; ya no es momento de pelear o discutir, es momento de compartir los bellos recuerdos.

Muchas veces se ingresa al cuarto donde está el paciente y no se encuentra un tema para platicar; hablamos del clima, de las noticias o de cualquier tontería que se nos ocurre. Se le teme al silencio, pero también a hablar de los verdaderos sentimientos. Por miedo o desconocimiento perdemos una gran oportunidad de comunicación genuina, quizá los últimos momentos para compartir con nuestro familiar, y poder cerrar un ciclo de vida con broche de oro.

El paciente sabe bien que va a trascender, el alma lo intuye y requiere despedirse; escúchalo, aunque sea en silencio; puede ser que tenga miedo de dar el paso y necesite de tu apoyo para hacerlo. Elaborar los cuatro pasos de sanación te ayudará para poner orden en la cabeza y poder decir lo que tu corazón desea transmitir.

No temas decirle algo por miedo a que piense que te estás despidiendo o que se va a morir; él lo sabe, y lo sabe bien. Es perfectamente aceptable decirle cuánto lo amas y que te duele no poder ayudarlo más.

No te duelas porque no recuerde

Si el paciente tiene problemas de memoria no utilices frases como: "¿Sabes quién soy?", o "¿te acuerdas de…?" Solamente muéstrale fotografías y dile: "Recuerdo cuando fuimos a…" Con que tú te acuerdes, es suficiente para que traigas la memoria al presente. Quizá logres que él también lo haga, pero si no, también estará bien. Es parte de su deterioro físico, es parte de su enfermedad.

Recuerda que ese cuerpo se está quebrantando, que ya no es el mismo; quédate con los buenos recuerdos en tu memoria, e intenta que estos últimos momentos también lo sean.

Puede ser que el paciente manifieste que le están robando; que te culpe porque estás sacando su dinero del banco, o le están escondiendo los calzones, las llaves o cualquier otra cosa. Es normal esta confusión y manifestación. Cerciórate de que realmente no haya nada que puedan sustraerle, y tú no te enganches con estas afirmaciones que pueden ser muy dolorosas. Recuerda que NADA ES PERSONAL, y no es su intención lastimarte, es parte de su deterioro.

El cuarto es un santuario

Antes de entrar a la habitación donde está el paciente apaga tu celular, o cuando menos quítale el sonido al teléfono. Dedícale unos momentos a la persona que está ahí, sin interrupciones. Recuerda que puede ser la última vez que la veas con vida y puedas comunicarte verbalmente con él o ella.

Quítate los "zapatos sucios" (el ego, los rencores, las intrigas, los dolores), déjalos en la puerta y entra descalzo al cuarto para consagrar una vida que se está terminando. Muéstrale tu cariño y respeto y no olvides realizar los cuatro pasos de sanación.

Aun cuando el paciente ya no pueda responderte, tú sí puedes comunicarte con él. El último de los sentidos que se pierde es el oído, y cuando ya no pueda escucharte, la comunicación es de un alma a otra.

La importancia de cuidar al cuidador

A pesar del predominio de las mujeres en esta actividad, los hombres también participan, y cada vez más, en el cuidado de su paciente. En un principio les cuesta trabajo asumir el papel de cuidadores, pero una vez que se les capacita y lo llevan a la práctica, son muy competentes. Los varones pueden ser igual de amorosos y cuidadosos que las mujeres. He tenido la fortuna de acompañar a parejas donde la enferma era la esposa y se capacitó al marido como cuidador primario, y he podido observar la manera amorosa como atienden y cuidan a su amada.

Como su nombre lo indica, es la figura en la que recae la responsabilidad, el cuidado y bienestar del enfermo. Es quien lo atiende y procura de manera directa. Por lo general es la persona que está más cercana a él, tanto emocional como físicamente, y su labor es esencial para poder llevar a cabo con éxito el cuidado del paciente.

Es quien interactúa con el equipo multidisciplinario, recibiendo la capacitación, entrenamiento e instrucciones para la atención; toma las decisiones necesarias y se responsabiliza del manejo de los medicamentos.

Para poder atender debidamente al paciente, es indispensable que el cuidador vea por sí mismo y mantenga su salud en buen estado. Hay técnicas de autocuidado que ayudan tanto a nivel físico como psicológico, y es ideal que todos los miembros de la familia lo apoyen, en consonancia con las herramientas y aptitudes que cada uno posea.

Es necesario que tenga sus tiempos de descanso y distracción, para que se desconecte del enfermo y la enfermedad. Que pueda dedicar tiempo a realizar actividades que le resulten gratificantes, como puede ser regresar a las reuniones con amigos, hacer ejercicio, ir al cine, a clases de música, de arte… o simplemente meterse a la tina con agua caliente, sin que nadie lo interrumpa ni apresure. Que no se olvide de comer, ni de cuidar su buena presencia.

El cuidador deberá aprovechar los instantes en que el paciente descansa para reposar también. No es momento de cocinar, lavar, trapear… De no contar en el núcleo familiar con alguna persona que se haga cargo de eso, se deberá buscar apoyo entre los miembros de la comunidad, vecinos, familiares, o contratar la ayuda para realizar esas actividades. Tanto el cuidador como los familiares más cercanos tienen que aprender a organizarse, y darse cuenta de que no pueden enfrentar solos esta situación.

El cansancio, el agotamiento físico, el insomnio, el aislamiento social, la pérdida de interés por aficiones habituales, el consumo de alcohol o somníferos, la irritabilidad, la ansiedad… son síntomas que evidencian una falta de autocuidado, y nos ponen en alerta de que hay que tomar medidas urgentes para corregirlo. Siempre digo que hay que cuidar al cuidador, porque si éste fallece antes que el enfermo, se tienen problemas graves.

Burnout: término en inglés usado por las psicólogas Christina Maslach y Susan E. Jackson para describir la "respuesta inadecuada a un estrés crónico que se caracteriza por tres dimensiones: agotamiento emocional, despersonalización o deshumanización y falta de realización personal".* (Por favor ve la sección "El duelo que vive el cuidador" en el capítulo "El duelo *vs.* el luto".)

---

* Christina Maslach y Susan E. Jackson, "The measurement of experienced burnout", *Journal of Occupational Behaviour*, vol. 2, pp. 99-113. John Wiley & Sons, 1981. Disponible en https://onlinelibrary.wiley.com/doi/epdf/10.1002/job.4030020205.

JORGE, los conflictos familiares

Jorge, hombre de 82 años, padre de tres hijos ya mayores, con historia de diabetes desde hace muchos años, hipertensión y glaucoma, ya casi había perdido la vista.

Por recomendación de un familiar, me llamó Víctor, el hijo menor de Jorge, para solicitar mi apoyo en la toma de decisiones porque su papá presentaba necropsia de uno de los pies, y él ya no quería que le hicieran nada, ni siquiera deseaba ir al hospital a revisión, pero los hijos mayores insistían en que era indispensable llevarlo para que le dieran un diagnóstico y tratamiento.

Te comparto un poco de su historia para que puedas visualizar el escenario completo: tres años atrás, por complicaciones de un cuadro diabético, se presentó el problema de necropsia de un dedo del pie, y ante la insistencia de sus hijos aceptó la amputación del dedo. Meses después de nuevo tuvo que ser intervenido quirúrgicamente para cortarle el pie, y al final la pierna, hasta la rodilla.

En esta última ocasión Jorge estuvo internado en el hospital por casi 30 días. La mayoría del tiempo sufría fuertes dolores y los médicos aseguraban que era el dolor fantasma por la pierna amputada, sin lograr controlarlo. Lo dieron de alta hospitalaria y Víctor, su hijo, aprendió a hacerle las curaciones para atenderlo lo mejor posible; Víctor dejó a su pareja y se fue a vivir a la casa de su papá para cuidarlo. Jorge le hizo jurar a Víctor que nunca más permitiría que lo intervinieran de nuevo.

La razón de la consulta que Víctor me hizo se debió a que Jorge presentó necropsia en el otro pie, y los hermanos mayores insistían en llevarlo a consulta, a pesar de que Jorge había manifestado claramente que no quería ir, ni siquiera para una evaluación. Amenazaron con demandar a Víctor por negligencia, abuso y maltrato a su papá, a pesar de que Jorge era claro en su deseo de no acudir para una consulta. Él era consciente del peligro que corría por la necropsia del pie y aun así se negaba a acudir al hospital.

No tenían recursos para acudir al notario a legalizar la voluntad anticipada, por lo que le sugerí que le pidiera a su papá escribir una carta donde manifestara su voluntad de no recibir ningún tratamiento, a sabiendas de que eso podría causarle la muerte.

Jorge murió al mes de la consulta; falleció en su casa, acompañado por su hijo Víctor, porque los otros dos no se presentaron para ayudar en su cuidado, y sólo acudieron para estar presentes en los rituales funerarios.

No habían pasado ni nueve días después del entierro cuando los hermanos le exigieron a Víctor que desocupara la vivienda de su papá, para que uno de ellos se mudara a vivir a la casa con su familia. Lo culparon por la muerte de Jorge, por haber apoyado su deseo de no intervención. Víctor me llamó por segunda ocasión porque necesitaba validar que lo que había hecho fue lo correcto para Jorge.

Ésta es una situación que se presenta constantemente con los hermanos que no se ocupan del cuidado del enfermo, y sólo quieren opinar acerca de lo que es correcto, de lo que el otro "debió haber hecho".

Sin duda, este conflicto familiar ya era antiguo, sólo se detonó con el fallecimiento de Jorge, quien, afortunadamente para Víctor, sí dejó un testamento amparando la casa en beneficio de los tres hijos.

MARTHA, el arte de aceptar el final

Uno de los primeros casos que me tocó vivir fue con Martha, mujer de 75 años, madre de cinco hijos, casada con Mauricio durante 50 años; pilar de su familia, ella lo controlaba todo y todos giraban alrededor de ella. A pesar de que yo aún no me dedicaba de lleno a la tanatología y no tenía la experiencia necesaria para atender familias, traté de ayudarla de acuerdo con mis posibilidades, ya que ella era una persona muy querida para mí.

Recibí una llamada telefónica de Martha, quien me invitó a su casa a tomar un café; ella quería que la visitara como amiga, y por supuesto que accedí de inmediato por el cariño y confianza que nos teníamos. Por otro lado, de manera secreta, había escuchado que tiempo atrás Martha había sido diagnosticada con cáncer, y estaba en tratamiento por segunda ocasión.

Cuando Mauricio, el esposo, se enteró de la invitación que ella me hizo, me llamó por teléfono y pidió enfáticamente que no hablara yo de la enfermedad de Martha, que no tocáramos el tema. Ante mi asombro e inexperiencia le comenté que antes de comprometerme a algo con él me gustaría escuchar lo que Martha quería contarme, que yo iba en calidad de amiga y no de manera profesional. Mauricio, altanero, me respondió que él sabía a lo que yo me dedicaba, y que no quería que hablara con su esposa sobre su enfermedad y la muerte, y que si no podía evitarlo, era mejor que no fuera a verla a su casa.

Accedí a ir a verla como amiga, pero finalmente el corazón me guió a dejarla hablar y permitirle decirme todo lo que quisiera contarme. No pudo abrirse mucho porque el marido estaba atrás de la puerta, y cada vez que Martha comenzaba a hablar, él llegaba a ofrecernos agua, café, galletas; no hubo manera de que estableciéramos una comunicación fluida.

Cuando por fin pudimos dialogar me contó que, desafortunadamente, por segunda ocasión le habían encontrado unas bolitas en el pecho, y que otra vez estaba en tratamiento de quimioterapia, que la hacía sentirse muy débil; agregó que ella sabía que era su final, pero no se atrevía a decirle a su familia que ya no quería más tratamientos, que ya estaba cansada.

Le preocupaba el futuro de su esposo y sus hijos, porque todos eran muy dependientes de ella; le molestaba que nadie la dejara hablar del tema cuando ella tenía la necesidad de hacerlo, pero cada vez que lo intentaba, Mauricio la obligaba a callar. Me comentó que tenía unas joyitas y tesoros que había guardado para sus hijas y nietas, y ella quería entregárselas en persona, pero que no se lo permitían. De forma ilusa le pregunté si quería que platicara con sus hijos sobre lo que estaba sucediendo, y con mucha emoción e ilusión en los ojos me pidió que le ayudara a organizarlo.

Pocos días después me llamó una de las hijas, y solicitó que platicáramos fuera de la casa, sin su papá cerca. Accedí y me reuní con tres de sus cinco hijos en una cafetería. Les expuse lo que había platicado con Martha y su necesidad de hacer una reunión familiar para poder hablar con ellos. Los tres presentes se ofrecieron a trabajar el asunto con las dos hijas que faltaban y con su papá, aunque admitieron que iba a estar muy difícil, por la negación que aquéllos vivían. Ellos tres sí reconocieron que Martha estaba en una fase terminal, y tenían mucho miedo porque no sabían cómo manejarlo.

Las dos hijas ausentes no querían escuchar nada sobre el pronóstico que dio el oncólogo, y junto con el papá siguieron pidiendo y hasta exigiendo tratamientos para curarla. Uno de los yernos era médico, y no se daba por vencido ni dejaba que su esposa lo hiciera.

Pasaron varios meses sin que yo supiera más de ellos; una de las hijas me confesó que su mamá pedía verme, pero su papá se negaba a permitirme la entrada, refiriéndose a mí como "el ángel de la muerte", y afirmando que definitivamente no estaban dispuestos a dejarme entrar a su casa.

Después del fallecimiento de Martha me enteré del maltrato que le dieron, ya que el desconocimiento y soberbia de las dos hijas que no acudieron al café no les permitió observar la evolución misma de la enfermedad y el desgaste físico que fue viviendo su madre.

La agredían porque perdió el control de esfínteres y ensuciaba las sábanas, y, en lugar de ayudar a ponerle un calzón desechable, una de las hijas la violentaba verbalmente, diciéndole que era una sucia, y cuestionando el motivo por el que ella los agredía de esa manera. Cuando Martha perdió el apetito la obligaban a comer, amenazándola con que, de no hacerlo por su gusto, la llevarían al hospital y le pondrían una sonda nasogástrica para alimentarla, lo que al final sí hicieron.

Sin lugar a duda ésta fue la primera experiencia profesional dolorosa que he vivido, no sólo por el hecho de que la paciente y yo éramos amigas, sino por no haber logrado transmitirles a las hijas y al marido la necesidad que Martha tenía de poder comunicarse con ellos.

A la hora del entierro se pudo ver perfectamente la tranquilidad que estaban viviendo, junto con sus familias, los tres hijos que tuvieron la oportunidad de despedirse, mientras las dos que se negaron a hacerlo gritaban como víctimas. Cuando fui a dar el pésame a la familia, la esposa del médico me dijo: "Cómo no te escuché antes, a lo mejor hubiera podido haber hecho las cosas diferente".

El desconocimiento genera miedo, y el miedo agresión. Dicho temor puede ser a la muerte del ser querido o a la vida sin él; miedo por desconocer cómo se puede presentar el final pronosticado, o temor al mismo proceso de morir y a no poder atenderlo correctamente. Todos estos miedos tienen un fundamento real, y en ciertos momentos crecen tanto que llegan a paralizar; sin embargo, pueden mitigarse a través de la capacitación y el entendimiento.

TAMARA, la mujer prevenida

Tamara, mujer de 54 años, madre de tres hijos, casada con Fernando, diagnosticada con cáncer pulmonar avanzado, con metástasis en hígado y huesos; el médico declaró que estaba en etapa IV.

Tuve la oportunidad de ser invitada al programa *Diálogos en confianza* del Canal Once para hablar sobre cuidados paliativos. Entre otras cosas, expuse públicamente la forma en que llevo a cabo las reuniones familiares y brindo las herramientas necesarias para que sus miembros puedan hacer la despedida. Al regresar a mi casa encontré un mensaje en la grabadora, en el que me solicitaban una consulta.

Me reporté de inmediato, y al preguntar los motivos de la consulta, los datos y la relación con el paciente, la persona en la línea me respondió que ella era la paciente; me explicó que solicitaba una reunión familiar en virtud de que tenía diagnóstico de terminalidad, y que su familia no nada más no lo aceptaba, sino que no le permitían hablar del tema a pesar de que ella tenía mucha necesidad de comunicarse. Tuvimos la reunión en su casa, con toda la familia presente (esposo, hijos, hermanos y mamá). Confieso que yo no tenía idea de cómo se iba a desarrollar la reunión.

Tamara comenzó a hablar sobre su necesidad de analizar el tema y transmitirles a sus familiares sus deseos e inquietudes y, como primer ejemplo, presentaba el hecho de que ya no quería ingresar otra vez al hospital, ni seguir más con el tratamiento de quimioterapias. Todos reaccionaron y comenzaron a agredirla verbalmente, hasta que intervine y les hice ver la importancia de escuchar y respetar los deseos de la paciente. Ahí comprendí el motivo de su llamada, su necesidad de ser escuchada y validada. Mi labor ahí sería como mediadora entre ellos.

Así pues, ella les comentó que ya había comprado un servicio funerario, que se había mandado a hacer el vestido azul que quería que le pusieran en el funeral, que no deseaba que la maquillaran. También les informó a detalle cómo estaban las cuentas bancarias y dónde encontrarían todos los documentos necesarios, e incluso mencionó que había hecho una lista con los teléfonos de sus amigas, para que les notificaran en el momento de su muerte.

Manifestó que ya había arreglado el cuarto en la planta baja para que al final no tuvieran que estar subiendo y bajando las escaleras, y para que su cuidadora no se agotara. Les expresó que contaba con una cantidad de dinero para contratar a una persona que la atendiera hasta el final, y les indicó qué hacer con sus pertenencias, cómo repartirlas entre todos, y casi, casi hasta con quién le gustaría que se casara su marido. En resumen, ella tenía todo planeado y bajo su control, y solamente deseaba compartirlo con sus seres queridos para que lo supieran; pedía que no le discutieran sus decisiones.

En un principio me cuestioné seriamente para qué había solicitado la consulta, hasta que comprendí que los familiares no le permitían hablar de su muerte, pues no estaban listos para escucharla, y ella tenía necesidad de que lo hicieran. Mi presencia sólo le dio el valor para hacerlo y permitió que todos expresaran sus miedos, angustias, alegrías y todas sus emociones contenidas.

Terminamos la sesión brindando por la buena vida de Tamara. Con una copa de tequila en la mano, cada uno, en su turno, agradeció y le dijo a ella lo que quería decirle; se hizo un memorial y la despidieron en vida de la forma más amorosa que yo haya visto.

Después de esa reunión Tamara y yo platicamos sobre las tristezas y enojos acumulados en su vida, y ella se comprometió a trabajarlos para cerrar su ciclo y no dejar pendientes; incluso asistió a algunos de mis talleres acerca de los duelos vividos a lo largo de la vida, y del perdón.

Hoy ya han pasado seis años de aquella reunión, y Tamara sigue vivita y disfrutando la vida a su manera, llevando una existencia tranquila con ella misma y con su familia. No tengo respuestas acerca de qué fue lo que pasó, pues mantengo poca comunicación con ella, pero sé que está en paz, en remisión y sin tratamiento. ¿Por cuánto tiempo? No importa, ya todo ha sido ganancia.

MARIANA, el poder de resignificar el pasado

> El pasado no lo puedes cambiar, pero sí lo
> puedes resignificar.
>
> Alfonso Ruiz Soto

Mariana es una chica de 27 años que trabajó como mi asistente en una institución de cuidados paliativos por muchos años; cuando ocurrió el hecho que voy a narrar, algunos años después, estaba recién casada y tenía una bebé de nueve meses. La mamá de Mariana había fallecido dos años atrás; el padre las abandonó cuando ella tenía un año de edad y nunca supo más de él.

Un día Mariana recibió una llamada telefónica del departamento de Servicio Social del Hospital General. En el transcurso de la misma, ella identificó del otro lado de la línea a Lupita, la trabajadora social de la época cuando trabajaba en la institución, y después de que se pusieron al día en sus vidas, Lupita le comentó que había un hombre en el hospital que había entrado como desconocido y había estado inconsciente por varios días, pero que ya se había recuperado y mencionó a Mariana como su hija para que la localizaran.

Mariana se quedó muy aturdida con la llamada y la noticia. Me llamó por teléfono llorando y me contó lo que estaba ocurriendo para que la asesorara, pues no sabía qué hacer. Toda la situación nos sorprendió a ambas, y después de platicarlo a detalle, ella decidió ir a visitarlo al hospital, para constatar que no fuera una mala broma; se entrevistó con él y por detalles que le dio de la familia, corroboró que sí era su padre.

Mariana estaba confundida, con sentimientos muy encontrados; por un lado, alegría de ver y conocer a su papá; por el otro, gran enojo por el abandono. Asimismo, miedo a la carga de cuidar a un enfermo terminal, cuando ella tenía a una bebé en casa. Se debatió por horas entre qué hacer, qué no quería hacer, y el deber ser de una hija frente a un padre desobligado y la lealtad inconsciente hacia su mamá.

Después de que lo visitó y confirmó que sí era su padre, platicamos profundamente, largo y tendido, para descubrir qué era lo que ella en realidad sí quería hacer, ya que el hecho de que su papá le hubiera pedido perdón no era suficiente; fueron muchos años de penurias y dolor los que vivió con su madre, para ahora simplemente perdonarlo; sentía que traicionaba a su mamá si lo perdonaba a él. No le fue nada fácil tomar la decisión.

Ante el diagnóstico de terminalidad y la experiencia que ella había adquirido en la institución, decidió llevarlo a su casa para cuidarlo al final de su vida. El señor Manuel estaba en verdad arrepentido por haberlas abandonado a ella y a su mamá, y por el daño que les causó. Mostraba gratitud hacia Mariana por el apoyo y cobijo que le estaba dando, y ella estaba contenta por compartir con él a su bebé.

Dos semanas después de haberlo llevado a su casa, Mariana me llamó por teléfono a las dos de la mañana, y llorando me dijo: "Mi papá no puede respirar... ¿Qué hago? ¿A dónde lo llevo, a qué ambulancia le hablo? ¡No es justo que ahora que lo encontré se vaya a morir!" La pobre estaba desesperada, muy angustiada. La invité a que hiciera dos respiraciones profundas, y con tranquilidad le recordé que eso ya lo habíamos estado esperando.

Le agradecí su llamada y le respondí: "Súbele al oxígeno, quítate los zapatos, súbete a su cama, abrázalo fuerte y dile que lo perdonas y agradeces que haya aparecido en tu vida; haz de nuevo el ejercicio de los cuatro pasos de sanación y dile: 'Buen camino, papá' "; así lo hizo, y don Manuel falleció 20 minutos después, en casa, abrazado tiernamente por su hija. Mariana se quedó con el corazón lleno de amor, y logró perdonar a su papá sinceramente y continuar con su vida.

Los cuatro pasos de sanación

Uno de los grandes dolores manifestados con frecuencia por la mayoría de las personas que veo en consulta de tanatología después de la muerte de un ser querido es el hecho de no haberse despedido del mismo, no haberle dicho o hecho muchas cosas que su corazón guardaba, y eso es precisamente lo que les genera culpa y un dolor profundo.

Después de haber incursionado en el estudio de diversas disciplinas tales como la tanatología, la logoterapia, las constelaciones familiares y las enseñanzas del budismo, taoísmo y cábala, me permití combinar partes de cada una de ellas y crear un método que ha dado excelente resultado a muchas personas que están transitando por el próximo fallecimiento de un ser querido, porque brindan orden al pensamiento para poder llevar a cabo el trabajo de despedida, y, aunque los pasos parecen obvios, muchas veces no se pueden realizar por el desorden mental, dolor y angustia que se padecen en ese momento.

Por lo general cuando visitamos a un familiar o amigo que está en agonía no sabemos qué decirle, cómo decírselo, qué es correcto y qué no, y entonces entramos a su cuarto y guardamos silencio, desperdiciando momentos de oro que después añoramos. Este ejercicio de los cuatro pasos lo sugiero hacer para todas las personas que amamos, aunque no estén en agonía o etapa terminal, como podrás ver en los capítulos de Raquel y Raúl, así como en el de don José.

Honrar simboliza aceptar a las personas de nuestro sistema familiar tal como son; es reconocer que hicieron lo mejor que pudieron, de acuerdo con sus herramientas y experiencia de vida. Cada persona viene a enseñarnos a crecer a nivel espiritual desde el rol que participan en nuestra vida.

Agradecer es mostrar gratitud y manifestar aprecio por lo recibido. El agradecimiento nos ayuda a centrar nuestra atención en el presente y ver lo que sí hay y sí somos.

Perdonar no quiere decir olvidar; es desprendernos de nuestros traumas del pasado, comprender que lo que sucedió fue por alguna razón. Si no los soltamos continuarán afectándonos a nosotros y a las personas que nos rodean por siempre. Es dejar de ver lo que no hay.

Despedida es aceptar el destino de la otra persona y darle nuestra autorización para que trascienda.

El método aquí propuesto para realizar una despedida en conciencia es manifestar verbalmente al ser querido lo siguiente, en el orden indicado:

1) **Honrar**…

"Te honro como mi padre, madre, hermano, pareja, hijo, abuelo…" (si eres adoptado puedes dirigirte a ellos como padre o madre biológicos o de crianza). Esto quiere decir: te veo y acepto tal cual eres, no tienes que cambiar para que yo reconozca nuestro lazo.

2) **Agradecer…**

2.1. "A papá y a mamá agradezco la vida, la crianza, los valores, el estudio, los viajes, las cenas de Navidad…", lo que aprendiste de él o de ella.

2.2. A los abuelos, si es el caso, agradecerles que hayan sido padre o madre sustitutos, de crianza, o lo que aprendiste de él o ella.

2.3. A la pareja, el tiempo que estuvieron juntos, los hijos que tuvieron en conjunto, el aprendizaje que obtuviste a su lado.

2.4. A los hijos, el que te haya escogido como madre o padre, el tiempo y las enseñanzas que vivieron juntos.

3) **Perdonar…**

3.1. "Te pido que me perdones por… (ejemplos: por haberte robado los cambios, por mentirte, por haberte desvelado esperándome; por las infidelidades, por no cumplir con tus expectativas acerca de… por el dolor que te causé con… pero no fue mi intención)." Sólo tú, lector/lectora, puedes saber cómo trabajar este renglón.

3.2. "De mi parte te perdono por… (ejemplos: el abandono, las nalgadas, castigos, agresiones, no dejarme salir con mis amigos, por el mal ejemplo que me diste, por no haberme defendido de…)". Solo tú puedes saber cómo trabajar este renglón.

3.3. No necesariamente tienes que perdonar. También puedes declarar: "De momento no puedo perdonarte por… (ejemplo: violación, maltrato, agresión, abandono), yo te perdonaré cuando esté listo, pero de momento, te dejo ir". Este punto es *si, y sólo si* existe algo que aún no puedes perdonar.

4) **Despedida…**
"Por el amor que te tengo, cuando sea tu momento, para mí va a estar bien que te vayas, yo te dejo ir. Me duele verte sufrir, te amo, te extrañaré mucho, pero me repondré; yo voy a estar bien. Honraré tu vida viviendo la mía."

Si hay algo que aún no puedes perdonar, te sugiero cerrar con: "Por el amor que yo me tengo, te dejo ir y suelto mi enojo. Te perdonaré cuando esté listo o lista para hacerlo".

Estos cuatro puntos son básicos para una despedida, y es necesario que cada uno de los miembros de la familia lo lleve a cabo. Son totalmente personales y cada quien deberá ponerle las palabras necesarias a cada uno. Todo lo anterior sólo es un ejemplo, muy general, de lo que se puede hacer para ayudarnos a poner orden en nuestra cabeza y corazón y poder despedirnos.

Dependiendo de la relación que cada uno tenga con el paciente, se puede aprovechar este ritual para sanar problemas de antaño, o revelar secretos nunca dichos o aclarados.

Recuerda que el último sentido que se pierde es el de la escucha, por lo que puedes comunicarte con el paciente, aunque él supuestamente no te oiga. Puede ser que no te responda, o que sólo veas una lágrima correr por su mejilla o un esbozo de sonrisa en sus labios, pero lo importante es que tú te quedarás con la satisfacción de haberlo realizado.

Cuando un ser querido muere y me doy el permiso de honrarlo, agradecerle, perdonarlo y soltarlo, obtengo la libertad de ser yo, puedo avanzar hacia la vida y activar los recursos internos que ellos vinieron a transformar dentro de mí, por ejemplo, del odio puedo pasar al amor, del rechazo a la compasión, del juicio a la toma de conciencia.

Si un familiar ya murió y no tuviste oportunidad de despedirte y realizar estos cuatro pasos, te sugiero que te sientes y le escribas una carta como si estuvieras hablando con él. Al terminar la carta quémala y permite que el humo llegue a donde tenga que llegar.

Ahora voy a sugerirte que en este momento te tomes unos minutos y consideres que tu paciente murió ayer... visualiza con qué te quedas pendiente, qué te gustaría decirle, qué te hubiera gustado hacer. Ahora regresa al día actual y date cuenta de que aún tienes la oportunidad de hacerlo, no la pierdas.

Bert Hellinger es el creador de las constelaciones familiares, una hipótesis de terapia breve que postula que las personas son capaces de percibir de forma inconsciente patrones y estructuras en las relaciones familiares. Es difícil comprenderlo cuando no se tiene el conocimiento de la materia, pero existen situaciones energéticas desconocidas y ocultas por las que una persona no puede morir, y en esos casos hay que ir más profundo y estudiar toda la situación familiar.

En constelaciones familiares se observa la necesidad de restablecer la conexión interior con los padres para tomar la vida que ellos te dieron para que tú puedas salir a la vida. En ocasiones el hijo pretende tomar el lugar del padre o la madre o viceversa, la madre o el padre toman el papel del hijo, sin darse cuenta de que eso rompe con el orden del sistema familiar y genera conflicto. Es indispensable que cada quien ocupe y reconozca el lugar que le corresponde.

No existe evidencia científica publicada por revistas especializadas que avale la eficacia de las constelaciones familiares; en lo personal puedo ratificar que profesionalmente me han sido de mucho apoyo. Si te interesa el tema, puedes encontrar en línea mucha literatura al respecto. Te recomiendo comenzar con *El amor del espíritu*, o con *Religión, psicoterapia, cura de almas*, ambos de Bert Hellinger.

KARINA, asumir la responsabilidad nos libera

Karina, una pequeña de tres años, estando de vacaciones con sus papás sufrió una caída a la alberca, se ahogó y 15 minutos después lograron resucitarla. Sin embargo, debido a la falta de oxigenación, le quedaron graves secuelas cerebrales.

Durante siete meses hicieron todo lo posible por mantenerla con vida, aunque fuera artificial; entradas y salidas al hospital, cirugías, traqueotomía, alimentación parenteral, sondas y todo lo demás que es propio de estos casos. Aplicaron todos los tratamientos posibles buscando un milagro, y a pesar de que sabían que el cerebro de su pequeña se encontraba seriamente afectado, los padres no podían aceptarlo.

Me llamó la abuela pidiendo que acudiera para ayudar a los papás, que estaban destrozados, con muchas culpas y recriminaciones. Los recursos económicos de la familia ya se habían agotado y todos estaban desesperados.

Me entrevisté con los papás y les hice ver la importancia de conocer la realidad para buscar la manera de poder ayudarlos. Les pedí que me respondieran con la mayor honestidad posible, y les cuestioné cómo estaban ellos como pareja. Sorprendidos por la pregunta, me revelaron que estaban a punto de comenzar los trámites del divorcio cuando sucedió el accidente, pero habían decidido suspender todo mientras su hija estuviera con vida, aunque fuera en esa situación.

En ese momento intuí que Karina estaba cargando con la responsabilidad del matrimonio de sus padres, y que inconscientemente ella se sacrificaba para mantenerlos unidos, ya que mientras estuviera con vida ellos no se iban a separar.

Al comprender lo anterior, decidí hacer un movimiento sistémico, un tipo de constelación, que consistió en guiar a los padres a que asumieran sus responsabilidades y liberaran a su hija de cualquier peso que ella cargara sobre sí respecto al matrimonio. Entre otras cosas, le dijeron que "ellos eran los grandes y ella la pequeña, que ellos eran los padres y Karina era la hija". El papá asumió la parte que le correspondía de su responsabilidad del matrimonio, y la mamá hizo lo mismo.

Ambos padres le agradecieron todas las enseñanzas que obtuvieron con su vida, le pidieron perdón y le dieron permiso para que, cuando fuera su momento, pudiera irse y descansar en paz. Hicieron el ritual de despedida de los cuatro pasos de sanación, y la liberaron.

Aproveché la oportunidad para hablar con el papá y la mamá sobre el valor del matrimonio y la importancia que podría tener el hecho de que la pareja saliera fortalecida de la dolorosa experiencia. Ambos se comprometieron a platicarlo entre ellos de forma sincera.

Días después me hablaron para informarme que los abuelos y familiares cercanos fueron a despedirse de ella, y que Karina finalmente había trascendido.

Han pasado cinco años de este incidente y hace poco supe que los padres se fueron a vivir a otra ciudad y todavía están juntos. Lograron salir fortalecidos y reiniciaron su matrimonio en otro lugar y desde otra perspectiva.

La muerte de un hijo siempre afecta a la pareja, ya que cada uno vive su dolor a su manera. El 80% de los matrimonios se divorcia después de vivir un episodio parecido, porque no se comunican ni comparten sus sentimientos, lo viven por separado.

DOÑA CARMEN, la certeza necesaria para trascender

El amor duerme en el pecho del poeta.

FEDERICO GARCÍA LORCA

Doña Carmen, mujer de 92 años, había estado casi en coma por seis meses. Tenía dos hijas que la cuidaban y estaban al pendiente de todas sus necesidades; percibían que su mamá sufría y no podía morir, pero desconocían la razón, y ése fue el motivo por el cual solicitaron la consulta familiar.

Después de investigar los posibles pendientes que doña Carmen hubiera podido tener, deduje que no había mucho por hacer, ya que las hijas no tenían idea de nada que la pudiera estar preocupando, porque ellas se hacían cargo de todo desde hacía muchos años. Les sugerí que realizaran los cuatro pasos de sanación para ayudarla y dejarla ir.

Casi a punto de dar por concluida la sesión, vi salir del cuarto a Manuel, un muchacho con síndrome de Down que apenas podía caminar. Al preguntarles la relación que había con él, me comentaron que era su hermano menor, y que también estaba a su cuidado desde largo tiempo atrás.

Comprendí que Manuel era el pendiente y la preocupación que tenía doña Carmen, aunque ellas se habían encargado de él por muchos años.

Les sugerí que se acercaran a doña Carmen y al oído le dijeran: "Mamá, no te preocupes por Manuel, nosotras nos haremos cargo de él, con el amor y cariño que lo hemos hecho hasta ahora; te puedes ir en paz, nosotras lo cuidaremos". También les aconsejé que, de ser posible, acompañaran a Manuel para que se despidiera de ella, agradeciéndole la vida y asegurándole que él iba a estar bien con sus hermanas, que no se preocupara, que podía irse en paz. Me despedí de las hijas y me retiré del lugar.

En menos de tres horas recibí un mensaje en mi celular diciendo que doña Carmen había fallecido en paz, que ante la declaratoria que le hicieron, vieron escurrir una lágrima por su mejilla, percibieron cómo le cambiaron las facciones, que se transformaron a un aspecto de suave tranquilidad.

Esto ratifica la gran necesidad que tienen los pacientes de dejar todo en orden, saber quién se hará cargo de lo que es importante para ellos. Puede ser la unión familiar, las cenas de Navidad, la salud y supervivencia de algún menor; un hijo con problemas de adicción, con discapacidad, todo aquello que preocupa a los progenitores, sin importar la edad de los hijos. Lo único que se requiere es mencionarles que las cosas se harán lo mejor posible, en beneficio de todos, sin comprometerse a realizar acciones titánicas o imposibles.

SEÑOR ISAAC, la necesidad de despedirse

Después de una entrevista en el radio donde hablé de la importancia que tiene para los pacientes poder cerrar ciclos, recibí una llamada telefónica donde me pidieron una consulta que solicitaba directamente el paciente.

El señor Isaac, hombre de 70 años con diagnóstico de enfisema pulmonar, fase IV (terminal), estaba muy intranquilo, agresivo, deprimido y vivía con mucha angustia; la familia ya se había despedido y al parecer él no tenía ningún pendiente.

Su hija, que era tanatóloga y alumna mía, me comentó que ya había manejado la despedida familiar y consideraba que todo estaba bien, pero su papá por alguna razón, que ella desconocía, no podía fallecer. Acepté ir a platicar con el señor Isaac y comencé la entrevista con él y con la hija para ver cómo podía apoyarlos. En un momento dado, él le pidió a su hija que nos dejara platicar solos.

Al salir la hija del cuarto le pregunté a él cómo podía apoyarlo para que pudiera estar tranquilo, en paz. Después de observar a su alrededor y ver que nadie nos escuchaba, con mucha precaución y temor me confesó que tenía otra pareja y que necesitaba despedirse, y me solicitó que le prestara mi teléfono celular para poder comunicarse con la señora.

Platicaron por teléfono un buen rato y él le informó que estaba internado en el hospital sin acceso a su celular, motivo por el que no había podido comunicarse con ella. Le comentó que estaba muy próximo a su muerte, pero no quería irse sin despedirse, decirle que la amaba y agradecerle el buen tiempo que estuvieron juntos. Le pidió que por favor, y por amor a él, no se presentara en el velorio, y le manifestó que dejaba para ella unos papeles y dinero con su abogado. Al terminar la llamada, la expresión de su cara cambió; se le veía tranquilo, sereno, contento.

Días después de esa entrevista su hija me escribió para agradecerme e informarme que su papá ya había fallecido. Me cuestionó acerca de lo sucedido en la sesión que le ayudó a relajarse y poder trascender, lo cual obviamente no le dije.

Es indispensable escuchar siempre las necesidades del paciente, para que pueda cerrar su ciclo de vida con broche de oro. Si no es posible que se abra con la familia, es conveniente buscar ayuda profesional externa.

RAQUEL y RAÚL, un acuerdo de almas

Raquel, mujer de 72 años, madre de tres hijos y pilar de una familia muy unida, esposa ejemplar, casada con Raúl por 49 años.

Raquel fue al médico familiar para una revisión general porque no se sentía bien; le mandaron a hacer todos los estudios necesarios para poder dar un diagnóstico, y, al parecer, no encontraron nada. El médico, quien era muy amigo de Raúl, esposo de Raquel, le comunicó a éste que en los estudios se había detectado cáncer en la matriz con diferentes metástasis, pero por la amistad que los unía y lo avanzado de la enfermedad, no quiso darle el diagnóstico a Raquel antes de hablar con Raúl. A él le propuso iniciar con tratamientos de quimio y radio en su esposa, aunque reconoció que sólo sería paliativo, porque el cáncer ya se había diseminado.

Raúl se cuestionó qué era lo correcto, si compartirlo con su esposa como siempre lo había hecho todo, o, de momento, quedarse con la información para analizarla y ver las diferentes opciones que había. Se sentía mal por no comentarlo con Raquel, pero decidió que mejor trataría de darle la mejor calidad de vida posible el tiempo que se pudiera.

Tomó la decisión de no decirle nada a Raquel ni a sus hijos, y en secreto comenzó a planear el viaje a Europa que alguna vez habían previsto como festejo por sus 50 años de matrimonio. Raúl platicó con el médico de sus planes, y le pidió los medicamentos e instrucciones necesarias, por si comenzaban los dolores y malestar durante el viaje.

Raquel y Raúl se fueron juntos a Europa, viajaron de mochileros y parecían dos jóvenes enamorados, vivieron una verdadera segunda luna de miel, y nadie sospechó nada acerca del diagnóstico de Raquel. Cuando la salud de ella comenzó a deteriorarse, volvieron a México, y fue entonces cuando Raúl les comunicó el diagnóstico y el pronóstico a ella y a sus hijos.

En un principio y ante el *shock* de la noticia los hijos se fueron en contra de Raúl por no haberles dicho la verdad y haber evitado que su madre iniciara un tratamiento que quizá le habría alargado la vida; Raquel, en cambio, le agradeció a Raúl mil veces que hubiera respetado su deseo de no hacer los tratamientos invasivos de los que muchas veces platicaron a lo largo de su vida juntos.

Al transcurrir los días, los hijos recapacitaron y le reconocieron a Raúl que lo hubiera hecho como lo hizo, ya que para ellos lo más importante también era la felicidad de ambos, y sabían que sus papás habían logrado vivirla durante su viaje.

Días después de su regreso Raquel ingresó al programa de cuidados paliativos domiciliarios para control del dolor y los síntomas, y así tener la mejor calidad de vida posible hasta el final. Ella estaba feliz con el recuerdo del viaje, y por supuesto él también.

Tuvimos una hermosa sesión familiar que fue enriquecedora para todos, ya que estando presente Raquel pudieron hacer los cuatro pasos de sanación, y de forma indirecta, también hicieron los cuatro pasos con su papá. Platicaron de los bellos momentos vividos en familia, los viajes que realizaron, las anécdotas que tenían, y finalmente también aprovecharon para agradecerles a ambos las múltiples aventuras vividas. Fue una de las sesiones más bonitas y emotivas que yo haya vivido.

El desenlace de Raquel fue muy tranquilo, en casa, rodeada de sus seres queridos, sin complicaciones y en paz; se fue satisfecha de su vida. De forma intempestiva, Raúl sufrió un infarto fulminante y murió ocho días después del desenlace de Raquel. A mi parecer, éste fue lo que se llama "un acuerdo de almas".

Los hijos, a pesar del fuerte doble golpe, se quedaron con la gran satisfacción de haber cerrado el ciclo de vida de sus papás en familia, y de que Raquel y Raúl trascendieran juntos y en paz total.

Un ser querido no tiene que estar muriendo para poder realizar los cuatro pasos de sanación. Nunca se sabe cuándo será el final.

Si te interesa conocer más sobre el tema de "acuerdo de almas", puedes encontrarlo en el capítulo "Hablemos un poco de la reencarnación", más adelante.

Signos y síntomas del final de la vida

De la lectura que aquí te voy a exponer quizá concluyas que algunas cosas están fuera de lugar, ya que no existe una explicación científica documentada al respecto, pero la información que te comparto no fue inventada por mí, son testimonios que he recibido de más de 90% de los cientos de personas que he acompañado en el proceso del fallecimiento de su pariente; de enfermeras que han estado en contacto directo con pacientes en fase terminal, y de personas que he atendido en consulta de tanatología después de la transición de su ser querido.

De acuerdo con los diversos estudios que he realizado sobre el tema de la reencarnación y de espiritualidad, se dice que 30 días antes del fallecimiento físico de alguien, su alma ya sabe que va a salir, y la persona sorpresivamente comienza a atender algunos asuntos que tiene pendientes, como es hacer testamento, arreglar problemas familiares, resolver asuntos legales, pagar deudas y cosas por el estilo.

Varios ejemplos de esto fueron documentados con testimonios de familiares que recibieron una llamada fuera de lo común, de alguien cercano que murió en el atentado de las Torres Gemelas en Nueva York en el año 2001. Existen referencias acerca de llamadas de hermanos entre los que existía algún pendiente, de un hijo para saludar a sus papás, de padres para reconciliarse con sus hijos, con la exesposa, o para despedirse de la amante o algún otro familiar.

El alma tiene la necesidad de concluir, pero el cuerpo y la mente no lo descifran y por desconocimiento o desconfianza la mayoría de las personas no lo comprende, y sólo es después del fallecimiento cuando los familiares comentan y ratifican que el familiar arregló los asuntos antes de su muerte. También he podido observar la constante de que el fallecimiento de una persona sucede muy cerca de su fecha de cumpleaños, lo que para mí simboliza que la persona cerró su ciclo de vida. Dicen las enseñanzas que "los justos" mueren en la misma fecha de su nacimiento.

Independientemente de lo anterior, hay signos físicos que muestran de manera anticipada que el fallecimiento del paciente está cerca. Conocerlos te ayudará a perder el miedo a la muerte, y podrás actuar en consecuencia para ayudar a tu familiar a vivir con la mejor calidad de vida posible hasta su final. Algunos de estos signos son:

Los pacientes dejan de comer

El paciente va disminuyendo su ingesta de alimentos, o simplemente cierra la boca y no permite que se los den. Por miedo y desconocimiento, los familiares le insisten, lo intentan forzar a comer, se pelean con él y lo chantajean con el argumento de que no aprecia el esfuerzo realizado para hacer los platillos que le prepararon.

Del chantaje se pasa a las amenazas, y le dicen que si no come lo van a llevar al hospital, donde le pondrán una sonda para alimentarlo y, desafortunadamente, lo hacen, le meten alimentación parenteral o nasogástrica (por medio de sonda o intravenosa), por temor a que muera de hambre, a que su cuerpo no se nutra. El miedo principal es a que *muera*, e intentan a cualquier precio posponer ese hecho, darle más días de vida porque creen que no están haciendo lo suficiente.

Estar consciente de que no se puede ni se debe intentar alargar o acortar una vida de forma artificial contribuirá a prepararte para dejarlo ir. Lo ayudarás a que trascienda en su momento, con el menor dolor y sufrimiento posible, de forma natural.

El paciente, al igual que una velita, se va consumiendo día a día, y podemos observar cómo su cuerpo se va deteriorando. Honestamente, en el fondo y en silencio, a veces se espera y se pide por su pronto fallecimiento, aunque esto genera mucha culpa por desear que muera el ser querido, sin comprender que lo que en realidad se quiere es que deje de sufrir.

Por lo general la familia insiste en darle de comer al paciente, no tanto porque él lo necesite, sino porque ellos precisan hacerlo para sentir que están alimentándolo, y haciendo por él lo mejor posible.

Cuando el paciente cierra la boca porque ya no quiere comer, muestra uno de los síntomas que indican que su tiempo está terminando, que ya no desea continuar. Podrás ofrecerle la comida, preguntarle qué se le antoja que le cocinen, licuar los ingredientes cuando ya no puede deglutir fácilmente, pero no puedes ni debes obligarlo a comer, y mucho menos buscar alargarle la agonía y el sufrimiento a través de la alimentación nasogástrica, porque es darle vida artificial. No es lo mismo alimentarlo por la boca que a través de una sonda.

Manifiestan que ven la imagen o la presencia de un ser amado ya fallecido

El paciente eleva la mirada, la cual se pierde en un punto, y comienza a hablar con "alguien" que él está viendo. Puede mencionar que es su mamá, papá, hermano, hijo o alguna persona querida que ya falleció.

Cuando el enfermo ya no puede hablar, levanta una mano como queriendo tocar esa visión, o simplemente, con los ojos, manifiesta que la está contemplando.

Por desconocimiento se le dice al paciente que no hay nadie, que seguro lo soñó o lo imaginó. Es común escuchar que los familiares cuidadores confunden esto con una alucinación, y de ello se culpa a los medicamentos, por lo que le disminuyen la dosis para el dolor, y le provocan de paso un sufrimiento innecesario. Esto es una constante en las consultas familiares, lo que genera desacuerdo y tensión entre los miembros de la familia.

Así como existe un silbato imperceptible al oído humano y sólo los perros lo escuchan, hay personas que tienen la virtud de poder ver o percibir más allá de los sentidos; en ocasiones los niños manifiestan que ven las imágenes, y nosotros podemos observar que las mascotas se ponen a ladrar hacia el mismo punto donde el paciente percibe la presencia. La persona que está trascendiendo se encuentra en esa vibración especial; ve y escucha cosas imperceptibles para la mayoría de los demás.

Después de que hayas leído este capítulo espero que estés preparado para entender que lo que el paciente manifiesta es real; lo que él percibe es un alma, energía, espíritu (o como tú le quieras llamar) que viene para acompañarlo en el viaje de regreso a casa, con el Creador.

Aquí se tiene una gran oportunidad de ayudarlo para que pueda trascender en paz. Después de hacer el ejercicio de los cuatro pasos de sanación, si estás preparado para dejarlo ir, podrás decirle con amor: "Tómale la mano y vete con él o ella; vienen para acompañarte, para que no viajes solo; no temas, puedes irte en paz; nosotros estaremos bien, te vamos a extrañar; yo estaré bien, me recuperaré en algún momento; honraré tu vida viviendo la mía. Gracias, lo siento, perdóname, te amo".

Si el paciente ya no puede comunicarse verbalmente y notas que levanta la mano como queriendo tocar algo, tómale la mano con cariño y dile: "No tengas miedo, yo te voy a acompañar hasta donde yo te puedo acompañar, después de ahí te encontrarás con tus seres queridos, no temas, sigue la luz, sigue tu camino. Nosotros estaremos bien…"

Es momento de mencionarle que los pendientes que él pueda tener (hijo con discapacidad, preocupación por la pareja, la unión familiar, o cualquier otra cosa) se resolverán de la mejor manera posible, y tú no tienes que comprometerte a resolver ni cargar con algo que no te corresponde, o fuera de tus posibilidades reales.

Dicen que ya quieren irse a casa

Ellos saben que están a punto de trascender y solicitan ser llevados a su casa; la mayoría desea morir en su hogar, rodeados de sus seres queridos y tesoros acumulados, y no en un hospital, conectados a máquinas, sin poder ver y tocar a sus seres queridos.

A los familiares esto les genera mucho miedo, porque creen que no podrán atender a su paciente; sin embargo, lo mejor que pueden hacer es solicitar un "alta por máximo beneficio" y llevarlo a su casa. Pueden pedir a una enfermera que los capacite en la atención mínima necesaria para poder tenerlo en su hogar, aunque sólo dure unas cuantas horas; al final, será más satisfactorio para todos.

Dependiendo del diagnóstico y pronóstico, del tipo de enfermedad y de la dinámica familiar, hay situaciones en las que puede ser mejor opción que el enfermo permanezca y fallezca en el hospital, pero nunca en terapia intensiva, sino en un cuarto normal. (Véase el capítulo de Marcos.) En este último caso, es necesario pedir permiso (enfáticamente) al departamento de Trabajo Social para que autoricen la entrada de toda la familia cercana, incluyendo a los niños, para que puedan despedirse en vida de sus padres, hermanos y abuelos.

En ocasiones el paciente solicita ir a casa a pesar de que físicamente ya se encuentra en su casa. En esos casos podemos intuir que lo que desea es trascender de acuerdo con sus propias creencias. Puedes tomarlo de la mano y decirle que puede irse en paz, que siga la luz, que ya va camino a casa y lo acompañarás hasta donde tú puedas hacerlo, que no tema.

Quieren permanecer en silencio, en soledad

El paciente pasa la mayor parte del tiempo en silencio, en ocasiones cierra los ojos para que crean que está dormido y lo dejen en paz; es una etapa de mucha reflexión, de interiorizar, de hacer su propio "juicio final". Qué sí y qué no logró; es una recapitulación de su vida y lo que requiere es estar en soledad. Podemos poner música suave de acompañamiento, un aroma agradable, y hacer de cuenta que su cuarto es un santuario. Podemos ayudarlo a recordar los buenos momentos vividos y agradecerle.

Te sugiero que busques el momento adecuado y te acerques a tu paciente para preguntarle cuál fue su mayor logro en la vida, cuál su mayor arrepentimiento y le ayudes a recordar las cosas positivas que sí logró.

Duele profundamente ver cómo la vida del ser querido se va apagando, y es por el amor y cariño que se le tiene que se desea que descanse, que pueda trascender en paz.

Presentan ansiedad, desesperación o agresión

Hay personas que en esta etapa temen por lo que va a venir y muestran ansiedad, por lo que requieren la compañía de una mano que solamente los toque y tranquilice. Otros agreden, se jalan el pelo o se rasguñan la cara. Recuerda que NADA ES PERSONAL. Si observas estos signos, habla con el médico y pídele una sedación paliativa para que el paciente esté en calma; sugiérele que autorice el uso de aceite de cannabis, ya que se han visto excelentes resultados en esta fase del deterioro del paciente, y también puedes acompañarlo con el Rescue de flores de Bach.

No permitas que los niños presencien esta etapa de angustia, ya que es muy impactante para ellos y los puede marcar para siempre. En cambio, todo niño que haya vivido la muerte de un ser querido de forma tranquila, amorosa, en paz, no volverá a temerle a la muerte.

Hay una mejoría notable, fugaz

De 24 a 48 horas antes del fallecimiento se puede presentar una sorpresiva recuperación; el paciente se sienta en la cama, dice que tiene hambre, pide de comer, habla, canta, bendice, y de muchas formas manifiesta que está bien, que ha mejorado. Se cree que esta recuperación forma parte del milagro tan solicitado, una respuesta a las súplicas y los rezos.

Sin embargo, es necesario saber que esta mejoría repentina es transitoria y fugaz. Hay que aprovechar esos momentos para despedirse y decirle los cuatro pasos (honrar, agradecer, perdonar y soltar); recordarle cuánto lo amas, preguntarle por los papeles que no se encuentran, pedirle su bendición o hacer lo que proceda, ya que por lo general se tienen no más de 48 horas para su desenlace.

Cambios físicos en el paciente

Físicamente también se presentan ciertos signos que muestran que el fallecimiento está muy cercano, tales como:

- Los ojos se ponen vidriosos, como si tuvieran una gasa.
- La respiración se agita, se escuchan estertores (respiración con la garganta).
- La piel de la nariz se pega al hueso y se afilan las facciones de la cara. Los ojos se pueden ver hundidos.
- Se pierde el color de la piel. Se puede advertir un color gris azulado alrededor de la boca y los ojos.
- La presión sanguínea y oxigenación bajan lentamente.

El último de los sentidos que se pierde es el de la escucha, nuestro oído; es por esta razón que se puede realizar la despedida hasta el último momento. Aun después del fallecimiento físico hay quienes argumentan que el alma todavía se encuentra presente.

Se debe comprender que el cuarto donde está el paciente es un santuario, es un espacio donde debemos guardar el silencio y la armonía; el sentido común y el respeto mínimo a un momento tan trascendente nos prohíbe tener el celular prendido con sonido, y nos obliga a hablar con voz moderada, a comentar cosas que sean agradables para el paciente y que tengan que ver con él. Su alma sigue estando presente, escuchando y viendo lo que sucede.

Es el apego de los familiares del paciente lo que no permite aceptar que el fin está cerca, porque no están listos para soltarlo. Hay que comprender con la cabeza, para después poder bajarlo al corazón, que el tiempo del paciente en este plano ya terminó, y él o ella necesitan que se les deje trascender en paz, es llevarlo a buen puerto lo mejor y más rápido posible.

Recuerda que lo contrario del amor es el miedo, y en la medida que te capacites perderás el miedo a la muerte y reconocerás que el fallecimiento es la culminación de una vida, y que tú puedes ayudar para que sea con calidad.

MARIO, luchar más allá de lo posible

> No se puede decir adiós a quien siempre
> está en el corazón.
>
> Sabiduría popular

Mario, hombre de 74 años, padre amoroso de cuatro hijos, casado por 48 años con Yolanda; relativamente saludable, que después de haber estado aislado en su casa por más de seis meses para evitar un posible contagio de coronavirus, sin explicación alguna comenzó a tener algunos síntomas como gripa, dolor de garganta, tos y problemas para respirar. Se hizo la prueba y salió positivo a covid-19.

Estuvo en su casa con síntomas ligeros durante una semana, hasta que se fueron complicando y fue llevado al hospital. Por dos semanas estuvo en tratamiento hasta que lo intubaron y conectaron al respirador. Permaneció aislado y en coma inducido por más de tres semanas.

Sus órganos se fueron deteriorando y dieron paso a las complicaciones. Comenzó por los riñones y le hicieron diálisis, después la vesícula y ésta le fue extirpada, luego el corazón y le pusieron tres válvulas. Los pulmones se le llenaron de agua y le realizaron una punción para canalizarla: ésta se infectó y terminó en septicemia. Los familiares buscaron entre sus amistades donadores de sangre, de plaquetas, de pulmón, de riñón y de dinero, porque la cuenta seguía creciendo y los recursos disminuían sin tregua.

Los hijos no aceptaron por ningún motivo que se dejara de luchar; buscaron una sanación y recuperación total, a pesar de que algunos de los médicos les decían que las posibilidades de que Mario saliera adelante eran muy pobres, y que las consecuencias serían graves.

Para ellos no era importante cómo iba a quedar después de tanta manipulación de su organismo, lo que ellos necesitaban era que su papá continuara con vida, pues no estaban listos para dejarlo ir. Intenté hablar con ellos, sin que pudieran escucharme, ya que su dolor era más profundo que su entendimiento; al final, ellos se quedaron con la tranquilidad de haber hecho lo posible por salvarlo, con el dolor y sufrimiento por su muerte, y todas las cuentas por pagar.

Desafortunadamente Mario murió en el hospital, intubado, aislado, sin que su esposa, hijos y nietos pudieran despedirse. Al final falleció de todas las complicaciones que se presentaron, pero no murió por covid, y a pesar de haber sido un personaje muy querido y reconocido en diversos círculos sociales, los rituales funerarios de velación, despedida, misas y el entierro no se pudieron llevar a cabo públicamente entre sus amistades, por las medidas de restricción emitidas por el gobierno ante la pandemia.

Por fortuna, Mario contaba con un seguro de gastos médicos particular, ya que la cuenta del hospital privado fue de siete millones de pesos mexicanos, y a pesar de ello, descontando lo que sí pagó el seguro, sus familiares tuvieron que desembolsar dos millones de pesos. La esposa e hijos tuvieron que vender sus automóviles y otras pertenencias para poder liquidar la cuenta.

Cuando un ser querido entra al hospital con el diagnóstico de covid o cualquier otro parecido, siempre es importante evaluar y aceptar la posibilidad de que no saldrá con vida; conviene evitar a toda costa el encarnizamiento terapéutico (medidas extraordinarias) y el desgaste tanto físico como emocional y económico.

No se deben aferrar los familiares del paciente a buscar salvarlo sin evaluar la calidad de vida que tendrá una vez que logre salir de esa situación, si es que puede salir vivo. Mantener una existencia artificial con la esperanza ilusa de una posible sanación podría ser inhumano y egoísta por parte de la familia, aunque venga con la mejor intención.

Hay que analizar con empatía si el paciente estaría o no de acuerdo con las decisiones que se tomen "en su nombre", y las consecuencias que éstas conllevan. Un buen ejercicio es preguntarte: a ti, ¿cómo te gustaría ser tratado? ¿Qué decisión tomarías para ti mismo? Si el paciente está consciente, siempre hay que preguntarle a él lo que quiere que se haga, sin manipularlo para obtener la respuesta que nosotros queramos escuchar.

Los cuidados paliativos
(pasos que se pueden y deben evitar)

> Tan pronto como un hombre llega a la
> vida, ya tiene edad suficiente para morir.
>
> MARTIN HEIDEGGER

Es difícil y muy triste hablar del proceso de morir, pero si hay algo seguro en esta vida, es que todos vamos a morir en algún momento. No sabemos cuándo ni cómo, pero morir es el término correlativo de nacer, y así como se espera con ilusión y se festeja un nacimiento, se debería comprender que la cesación de la vida del cuerpo físico es la conclusión de un ciclo en este plano; es trascender, es una graduación.

Todos tenemos un ciclo de vida determinado, como la flor dama de noche, que toda su vida se prepara para vivir solamente una noche, se abre y luce todo su esplendor y muere en cuestión de horas; ése es su propio ciclo de vida.

Aquí voy a referirme específicamente a las ocasiones en que una enfermedad no responde al tratamiento curativo y se hace manifiesto que está fuera de control a través de una recaída, la aparición de metástasis o la afectación de otros órganos. En tales casos, la oportunidad de sanación es mínima, y a todas luces es el momento de comenzar a valorar el tratamiento paliativo. También aplican cuando la enfermedad es crónico-degenerativa, progresiva e incurable.

Ello significa que deberemos cambiar el enfoque de atención, dejando de buscar la curación a como dé lugar, y en vez de eso debemos intentar mejorar la calidad de vida de nuestro paciente con cuidados de confort. Los cuidados paliativos serán ahora nuestro modelo de atención.

La Organización Mundial de la Salud, en 2009, los definió así: "El modelo de atención de *cuidados paliativos* es el tratamiento integral (físico, emocional y espiritual) que se brinda a una persona que padece una enfermedad que no responde más a la terapia curativa, vigilando y apoyando en conjunto a su familia; acompañándolos durante el proceso de la evolución de la enfermedad, hasta el momento del fallecimiento".

Esto se lleva a cabo a través de un equipo multidisciplinario, conformado por médicos para control del dolor y los síntomas; enfermeros que atienden el cuerpo del paciente y capacitan a la familia como cuidadores; tanatólogos que apoyan en el proceso de cierre y despedida, así como trabajadores sociales, quienes estudian la situación familiar y detectan sus necesidades de apoyo. Todos deben estar capacitados en cuidados paliativos y tanatología para trabajar de manera interdisciplinaria, enfocados en el bienestar del paciente y asesorando a la familia.

Ingresar al programa de cuidados paliativos con el tiempo suficiente marca la gran diferencia cuando llega el momento de darle una mejor calidad de vida al paciente antes de que trascienda, evitando el desgaste físico, emocional y material, así como que la familia se desintegre o muera emocionalmente junto con él. Podrán vivir el proceso de la enfermedad terminal sin tanto miedo, con un mayor grado de aceptación, y comprendiendo lo que puede ser una "buena muerte", a través de brindarle la oportunidad de cerrar con broche de oro su vida.

A diferencia de la medicina curativa, cuyo objetivo siempre es curar la enfermedad, la medicina paliativa considera que el proceso de morir es un hecho natural; afirma y promueve la vida con calidad, sin pretender alargarla innecesariamente ni acortarla específicamente, evitando utilizar terapias extraordinarias que no pueden curar al paciente y sólo prolongan su agonía, aumentando la angustia y el desgaste familiar.

El médico tratante es la persona adecuada para canalizar de forma oportuna al paciente al programa de cuidados paliativos, desde el momento en que se presenta una recaída o aparecen síntomas que indican que la enfermedad está fuera de control. El diagnóstico de "ya no hay nada que hacer" está muy lejos de la realidad, ya que no será posible hacer nada para sanar, pero sí hay mucho para lograr en mejorar la calidad de vida del enfermo.

Los cuidados paliativos procuran que el paciente esté consciente, libre de dolor, y con los demás síntomas controlados el mayor tiempo posible. Sin embargo, si el dolor y la angustia se salen de control, siempre se puede solicitar al médico la sedación paliativa, que consiste en elevar el estado de inconsciencia o sueño inducido, y que permite que el mismo cuerpo se vaya apagando. Es elevar el nivel de tranquilizantes para que el paciente esté dormido o adormilado, pero sin dolor.

Para la mayoría de las personas, sobre todo las que saben que su muerte es inminente, el ideal es permanecer en un lugar cálido, rodeado de sus seres queridos, y no dentro de cuatro paredes en un hospital, aislado, conectado a tubos y generando el desgaste de la familia.

Por lo regular los familiares no están preparados para dejar ir a su ser querido y le piden al médico que haga todo lo posible por mantenerlo con vida, aunque sea de forma artificial, a través de máquinas, sondas y lo que sea necesario, aunque esto sólo alargará el tiempo de la agonía y el sufrimiento.

Estar en casa le permitirá al paciente contar con la privacidad necesaria para recapitular su vida, despedirse de sus seres queridos, perdonar a los que lo ofendieron y sobre todo darse la oportunidad de perdonarse y reconciliarse con su propia historia. Tener el tiempo y espacio para arreglar pendientes, asuntos legales, concluir algún proyecto a corto plazo; escuchar la música de su preferencia, dormir, ver la televisión o simplemente no hacer nada.

Cuando se dice que lo mejor para el paciente es estar en su domicilio, ello también lo es para los familiares, ya que independientemente de los altos costos económicos que se generan, se evitan el tiempo de traslado para visitar al enfermo, el desgaste que se produce por el mal comer y mal dormir en el hospital, y la angustia causada por las restricciones de horarios y número y edad de los visitantes permitidos. En el hospital hay que cumplir con los protocolos de la institución sin que se pueda opinar mucho al respecto.

Resulta evidentemente cruel que un padre o una madre mueran sin haber dado un beso a su hijo/a, nieto/a, sobrino/a, hermano/a o un/a buen/a amigo/a en las últimas semanas, o bien que agonicen en la soledad de terapia intensiva, sin la presencia de sus seres queridos. En casa consiguen estar más cómodos; hay libertad de horarios, comidas, vestimenta; tienen mayor intimidad; todos los integrantes de la familia pueden organizarse para ayudar a atender al paciente en el horario y de la forma que les convenga, y de esa manera pueden ir trabajando su duelo anticipado, y al final, quedarse con la satisfacción del deber cumplido.

Cada persona propondrá la manera particular en que puede ayudar; se hacen roles procurando que todos participen, incluyendo a los menores que vivan en la casa. Algunos apoyarán aportando dinero, otros preparando la comida, lavando la ropa, cuidando al enfermo durante el día, atendiendo de noche, o contratando a una persona para que lo haga. Entre ellos designarán al cuidador principal, quien será el coordinador y responsable; todos los demás apoyarán para evitar que éste se agote y fastidie.

El domicilio debe prepararse para que esté dispuesto de la manera más útil, con el fin de que permita la realización de los cuidados de una forma sencilla y cómoda. Hay que tomar en cuenta que el enfermo va debilitándose poco a poco, y las necesidades se van modificando conforme la enfermedad avanza.

Mientras el paciente pueda levantarse y deambular por la casa, se sugiere que:

- No tenga que subir y bajar escaleras.
- La cama esté cerca de un baño.
- No existan objetos o muebles que obstruyan su camino.

- No haya alfombras sueltas que se puedan desplazar y provocar un tropiezo.
- En la noche el cuarto no esté totalmente oscuro y de preferencia cuente con un escusado portátil junto a la cama.
- Se disponga de un sillón cómodo para sentarse, y se evite en lo posible estar todo el día acostado.
- Cuente con un buró o una mesita de lado.
- Haya un timbre o campana a la mano, para que el paciente no tenga que gritar si necesita algo.
- El cuarto tenga una adecuada ventilación y entrada de luz natural.

Cuando el enfermo ya está debilitado y pasa la mayor parte del día en la cama porque ya no puede, o no quiere levantarse, se debe modificar un poco el enfoque de atención para proteger al cuidador primario.

Se aconseja que:

- La cama sea estrecha y alta con el fin de proteger la espalda del cuidador y para facilitar la movilización y aseo del enfermo. La cama se puede levantar colocando ladrillos en las patas, y si es posible, se sugiere rentar una cama de hospital.
- Forrar el colchón con un protector y encima colocar las sábanas, procurando que estén siempre limpias y secas. Es importante que no tengan arrugas para evitar rozaduras en la piel y las escaras; de ser necesario se pondrá un pañal cubrecama para evitar tener que cambiar constantemente las sábanas.

- Disponer de una sábana doblada en tres partes debajo del paciente (a la altura de la axila), de forma perpendicular a él (sábana clínica). Esto facilita la movilización en la cama; mientras el paciente pueda ayudar, rodará sobre sí mismo para cambiar de posición, y cuando ya no pueda cooperar, el cuidador lo podrá hacer de manera más sencilla a través de la sábana clínica.

- La rotación cada hora evitará la aparición de llagas o ámpulas por presión. Se sugiere utilizar cojines o almohadas a lo largo del cuerpo del enfermo como auxiliares para mantenerlo en las diferentes posiciones.

- Tomar en consideración que el dolor por el cáncer generalmente se puede controlar con medicamentos, pero el malestar por las ámpulas por presión no. Hay que evitar su aparición como prioridad.

- Se pueden colocar pequeños cojines en las zonas que rozan la sábana (codos, coxis, tobillos). Éstos se pueden hacer metiendo lentejas, alpiste, arroz o cualquier tipo de semillas en un calcetín y haciendo un nudo, o cosiéndolo.

- Si el colchón es blando, colocar debajo del mismo unas tablas de madera para impedir que se hunda y evitar posturas inadecuadas causantes de malestar en la espalda.

- En caso de que la casa sea de dos pisos, la cama y espacio del paciente se deberán adaptar en el lugar que al cuidador le sea más cómodo atenderlo, para evitarle a éste subir y bajar constantemente las escaleras.

- Si se cuenta con algo de recursos económicos, se sugiere rentar una cama tipo hospital y contratar los servicios ocasionales de una persona que ayude. Esto servirá para que el cuidador primario tome un descanso.

- Contar con el apoyo de un escusado portátil junto a la cama, sobre todo cuando se levanta en las noches al baño. Si tiene ruedas también servirá para movilizar al paciente dentro de la casa y para bañarlo en la regadera.

- Conforme avance el deterioro del paciente y requiera mayor soporte para movilizarse, será necesario solicitar su apoyo y consentimiento para que utilice un calzón desechable (pañal) y evitar en lo posible el daño y agotamiento del cuidador. En igual situación se encuentra el proceso del baño en regadera, que podrá sustituirse por un baño de esponja en la cama.

- Ofrecer al paciente una alimentación apetecible, cuidando la presentación pequeña. Ejemplo: un sándwich partido a la mitad o en un cuarto para que pueda comerlo poco a poco; igual el agua o suero, servirla en vasos pequeños para que dé sorbos pequeños y constantes.

- Hay que cuidar los olores de la casa, y evitar que al cocinar invadan el cuarto. Al paciente se le agudizan los sentidos y el olfato es uno muy sensible. Poner bicarbonato o carbón activado en las esquinas del dormitorio, así como prender una vela en la cocina, ayudará a evitar el mal olor.

- Es indispensable lavar los dientes, las encías y la lengua del paciente con una gasa y bicarbonato o enjuague bucal, con el fin de evitar la candidiasis oral, ya que es muy dolorosa y difícil de sanar.
- Es importante elaborar una hoja de control de los medicamentos, la cual debe contener el día y la hora en que deberá ser suministrado, y una vez administrado, marcarlo para tener la certeza de que se le dan todos en el horario recetado, y evitar que se dupliquen. También servirá para registrar el control de la orina y del excremento para evitar el congestionamiento. Este registro será útil para que cualquiera pueda atender al paciente en algún momento necesario.

A pesar de que todo lo anterior es el plan ideal, y de que con frecuencia el enfermo manifestará su deseo de ir a casa, existen varios factores por los que muchos acaban sus días en un hospital. Los familiares exponen que se consideran incapaces de atender al paciente en casa, o temen no poder hacerlo debidamente y no saber qué hacer en el momento del fallecimiento. O se asumen demasiado afectados en su sensibilidad para soportar ver cómo se va degradando el cuerpo de su ser querido.

Desafortunadamente, en muchas ocasiones el paciente muere en el hospital en espera de que le realicen algún estudio, le den un tratamiento, le hagan una cirugía o lo estabilicen, lo cual obliga a que permanezca dentro de la institución de salud y ahí fallezca, en contra de las expectativas y los deseos de todos. (Véase el capítulo del señor Juan.)

Hay situaciones específicas por las que un paciente no puede ser cuidado en su casa y deberá permanecer en un hospital. Éstas son:

- Ausencia de un familiar responsable en el domicilio.
- Existencia de síntomas rebeldes no controlados.
- Necesidad de tratamiento invasivo paliativo específico (no se incluye por sedación, ya que ésta sí puede ser realizada en el hogar).
- Urgencias oncológicas.
- Hemorragias.
- Existencia de un ambiente o de una historia familiar estresante.
- Síntomas de agotamiento por parte de los familiares.
- La estructura familiar moderna donde padres, hijos y hermanos se encuentran dispersos por ciudades lejanas.
- Las condiciones laborales, ya que los que tienen una actividad profesional están obligados a cumplir con horarios que no les permiten quedarse a cuidar al enfermo. Es común que un familiar tenga que renunciar a su trabajo para poder atender a su paciente, causando una merma importante en los ingresos económicos y generando graves conflictos familiares.

Hay que considerar que en esta vida puedes llorar y sufrir porque el tiempo de tu ser querido está terminando, o puedes bendecir el que haya vivido; puedes seguir buscando una curación, o puedes reconocer que su vida ya no tiene calidad, e intentar darle lo mejor, de acuerdo con las posibilidades reales. Tú decides si maldices el haberlo perdido o bendices el haberlo tenido.

Los pacientes prefieren tener calidad de vida a cantidad de vida, por lo que los familiares requieren prepararse para dejarlos ir, haciendo los cuatro pasos de sanación.

Cuando un paciente manifiesta su deseo de acabar con su existencia y solicita la eutanasia, generalmente su deseo de morir es provocado por la falta de calidad en su vida y porque tiene dolor (físico o emocional). Enfoquémonos en investigar qué puede tener pendiente, y ayudemos a mitigar ese dolor.

La mejor vía para contrarrestar el miedo es a través de la información. Conocer y saber con anticipación las diferentes posibilidades que se pueden presentar durante la evolución de la enfermedad ayuda a aminorar el miedo y la angustia generados por el desconocimiento.

Es como llegar de invitado a una casa y al tocar el timbre se escucha el fuerte ladrido de un perro a través de la puerta; no se sabe el tamaño del animal, se desconoce si es un pequeño chihuahueño o un bulldog, sólo escuchamos el ruidoso y constante ladrido. No es sino hasta que abren la puerta y vemos que el perro está detrás de una reja cuando podemos relajarnos.

Así es cuando conocemos anticipadamente lo que puede suceder en el trayecto de la enfermedad terminal y ésta es la razón de ser de este compendio, ayudarte a perder el miedo a la muerte de tu ser querido, para que puedas vivir en plenitud su final.

El paciente tiene sus propios miedos: al dolor físico, a la soledad, al abandono, a hablar con sus seres queridos, a lo desconocido, al momento del fallecimiento, a la situación económica, a que su vida no haya tenido sentido, a ser una carga para la familia... Podremos acompañarlo en silencio o responderle de manera amorosa: "No eres una carga para mí, es una oportunidad que la vida me da para retribuirte en algo lo mucho que tú me diste"; "gracias, lo siento, perdóname, te amo".

SEÑOR JUAN, la importancia de anticipar la muerte

Un martes a las 10:00 de la noche recibí una llamada telefónica de Paulina, una chica que me había escuchado durante una conferencia sobre cuidados paliativos que dicté en Mazatlán, Sinaloa, y quien en ese momento estaba de visita en la Ciudad de México para ver a su tío Juan, el cual, según le dijeron, estaba enfermo, quizá en la última etapa.

Platiqué con Paulina y su primo Boris sobre la dinámica familiar, diagnóstico y pronóstico del señor Juan, y les sugerí una reunión vía internet para el día siguiente, con los tres hijos y la esposa; me comentaron que no era posible hacerlo temprano porque el señor Juan tenía cita para consulta de evaluación en Oncología, en una gran clínica del Instituto Mexicano del Seguro Social.

Basada en la información que me dieron, les sugerí que fueran a la cita y solicitaran ser canalizados a la División de Cuidados Paliativos y Clínica del Dolor; les hice hincapié en lo importante que era no pedirle al médico medidas extraordinarias de tratamiento, sino que solicitaran exclusivamente métodos para control del dolor y síntomas. Que una vez terminada la consulta me contactaran para que fuera a visitarlos a su domicilio, y también pudieran pedir una evaluación

ABRAZAR HASTA EL ÚLTIMO ALIENTO

al Centro de Cuidados Paliativos de México, para contar con la atención integral domiciliaria.

No fue sino hasta el viernes, tres días después, cuando recibí un mensaje de Paulina, en el que me informó que ya no llamaron porque el miércoles habían detenido al señor Juan en el hospital para ponerle una transfusión de sangre, y desde el jueves en la tarde lo habían trasladado a otra clínica para hacerle una transfusión de plaquetas, pero que a las 11:00 de la mañana aún no encontraban un donador.

Confieso mi dolor y gran molestia por el mal manejo de la situación, tanto por parte de los familiares por haberlo permitido, como del médico tratante por no estar capacitado en cuidados paliativos y haber hospitalizado al paciente, solicitando las transfusiones, ya que el señor Juan tenía diagnóstico de cáncer con metástasis diversas y con claras señales de terminalidad.

El viernes a las 11:30 am le sugerí que pidieran al médico reevaluar lo de las plaquetas, ya que me parecía que no servirían para curar al señor Juan, sino solamente, quizá, para alargarle unos días más la vida y el sufrimiento, pero que en realidad no valía la pena el esfuerzo que estaban haciendo para conseguir donadores, y mejor se prepararan para dejarlo ir en paz, en su casa. Afortunadamente, el médico de guardia estuvo de acuerdo en liberarlo, y fue entonces cuando comenzaron a tramitar el alta voluntaria y solicitar el traslado a casa.

A las 4:30 pm me llamó Paulina para decirme que finalmente ya habían autorizado la salida del señor Juan y sólo estaban esperando una ambulancia para trasladarlo a casa.

A las 6:30 pm recibí otra llamada para informarme que el señor Juan ya había salido del hospital en la ambulancia, que llegó a la puerta de la casa, y al pretender bajar la camilla, los paramédicos se percataron de que ya había fallecido, por lo que tuvieron que regresar el cuerpo a la clínica, con el fin de cumplir con los trámites burocráticos del protocolo de fallecimiento en la ambulancia.

A las 12 de la noche Paulina me llamó muy angustiada para informarme que aún no les habían entregado el cuerpo; sus primos continuaban en el hospital haciendo las gestiones necesarias para liberarlo y poder iniciar los trámites funerarios.

Tristemente los hijos no sólo vivieron el gran dolor de la muerte de su papá, sino que tuvieron que peregrinar por el hospital durante todo el día y la noche, ante una serie de hechos erróneos que se pudieron haber evitado. Por desgracia se dejaron convencer por un médico que no supo asesorar de forma correcta a los familiares, reteniendo al paciente para hacerle maniobras de emergencia infructuosas y malgastando recursos muy valiosos, que pudieron haber sido utilizados en pacientes con recuperación posible.

Éste es un caso típico de lo que *no se debe de hacer*. No se debió permitir que lo internaran e hicieran maniobras extraordinarias, en acatamiento del artículo que está en la Ley General de Salud, Materia de Cuidados Paliativos, del 5 de enero de 2009, y la norma oficial publicada el 9 de diciembre de 2014. En todo caso, lo que sí debieron hacer fue asistir a la consulta en oncología y solicitar que los canalizaran a la División de Cuidados Paliativos y Clínica de Dolor, para recibir capacitación y regresar a la casa con el soporte médico, de enfermería y tanatología. (Véase la sección "Legislación mexicana" en el capítulo "Consideraciones al final de la vida".)

MARGARITA, una última alegría

Margarita, mujer de 53 años, madre de tres hijos, esposa de Arturo. Diagnóstico original de cáncer de mama con diversas metástasis en hígado, pulmones y huesos, en fase IV. Estaba hospitalizada en el área de Terapia Media, por complicaciones en los pulmones, con un pronóstico de muerte próxima, y se encontraba muy deprimida.

Sus familiares solicitaron una sesión y nos reunimos en la cafetería del hospital donde ella se encontraba internada. Fue una bonita reunión, muy productiva porque se sentía el amor y preocupación por Margarita. Al terminar me pidieron subir a visitarla porque la veían muy angustiada y enojada, a causa de que no iba a poder acudir a la boda de su hijo, por estar hospitalizada y en fase terminal.

Como lo comenté en otros capítulos, generalmente no veo a los pacientes porque no me siento cómoda al invadir su privacidad, pero me armé de valor y subí a verla; después de buscar la manera de abordar el tema le pregunté cómo podía yo apoyarla para que estuviera más tranquila, qué era lo que tenía pendiente. De forma tajante me expresó: "Ir a la boda de mi hijo y llevarlo al altar caminando". Esto sonaba a una locura, por su estado físico y lo avanzado de la enfermedad.

Evalué la situación y le pregunté seriamente si estaría dispuesta a ir a la boda en silla de ruedas y no caminando; después de mucho pensarlo y a regañadientes me respondió que sí, aunque fuera en silla de ruedas; esbozó una sonrisa que interpreté como una mezcla de derrota y esperanza. Me levanté de la silla y le dije: "Intentémoslo".

Salí del cuarto y hablé con la familia; les comenté con un poco de ingenuidad y picardía de mi parte que sí le mandaran a hacer a Margarita su vestido para la boda. Me vieron con ojos enormes, con gran asombro y alegría me preguntaron si realmente creía yo que se podría lograr. Mi respuesta fue: "Vamos a tratar de hacerlo".

Les sugerí que hablaran con el médico primario y le solicitaran el alta hospitalaria para llevarla a su casa, y al mismo tiempo le pidieran asesoría para mantener a Margarita con el dolor y síntomas controlados. Después de mil trámites y problemas burocráticos, días después lograron llevarla a su casa con el soporte de los cuidados necesarios.

Unos días antes de la boda fui a visitarlos a su casa y platiqué con la familia, a la que orienté acerca de qué hacer y qué no hacer, para poder llevar la boda a buen término, y al mismo tiempo me enteré de que ésta sería el sábado siguiente, en un jardín de Cuernavaca.

Mis instrucciones fueron claras y precisas. Les recomendé que, en lugar de contratar el servicio de una ambulancia, rentaran o consiguieran una camioneta, para que Margarita pudiera ir recostada, con un pequeño tanque de oxígeno portátil, el compresor, la silla de ruedas y todo lo que pudiera necesitar.

Que antes de iniciar el viaje aplicaran a la paciente una de las dosis de morfina, para evitar el dolor por el movimiento del coche, y que, si durante el trayecto requería otra dosis de rescate, sin importar el horario, se la dieran. Que tuvieran a la mano todo lo que consideraran que se pudiera necesitar en el camino.

Les sugerí que se fueran desde un día antes a Cuernavaca, para dar oportunidad a Margarita de que se ambientara y descansara, con el fin de que estuviera fresca para asistir a la boda y la disfrutara lo mejor posible.

Les advertí acerca de la posibilidad de que Margarita falleciera en la carretera, ante cuya eventualidad deberían regresar a la casa, bajarla de la camioneta, subirla a su cama y llamar al médico para que éste levantara la constancia del fallecimiento y evitar así mayores complicaciones.

El novio me reclamó y dijo que no era posible que su mamá se muriera en el camino; le hice ver la posibilidad real de que ello ocurriera, y le sugerí que, si no estaba dispuesto a correr el riesgo, entonces lo mejor sería que Margarita no fuera expuesta a realizar el viaje e ir a la boda. Ante mi respuesta, se tomó un poco de tiempo para pensarlo; se calmó y lo aceptó.

Por fortuna todo salió muy bien: Margarita y todos los familiares e invitados estuvieron felices por la asistencia de ésta a la boda y al banquete, y hasta la hicieron bailar el vals en su silla de ruedas.

Al novio le sugerí que se despidiera de su mamá antes de viajar a la luna de miel, como si ya no fuera a volver a verla con vida, ya que, si el fallecimiento sucedía mientras ellos estuvieran de viaje, yo sugeriría que no les avisaran, y si les avisaban, que no se mortificaran ni modificaran sus planes de regreso.

Veinte días después de la boda Margarita falleció en paz, en su casa, rodeada de sus seres queridos, con la gran satisfacción de haber asistido a la boda de su hijo y haberle dado la bendición.

Si logramos quitar el tabú que representa el temor a la muerte, se puede intentar hacer muchas cosas. No se puede impedir el fallecimiento, porque el cuerpo físico se va deteriorando y es imposible detener la evolución; lo que sí es viable hacer es tratar de darle la mejor calidad de vida al paciente, hasta el último momento, y buscar la manera de hacer su final lo más ligero posible.

MARÍA, despedida frente al mar

María, mujer de 38 años, madre de dos hijos, una chica de 13 años y un niño de 10. Diagnóstico de cáncer de mama, con metástasis en huesos y otros órganos. Me llamaron por teléfono para solicitar el apoyo de un donativo de 35 000 pesos para la primera de seis quimioterapias que María requería, con la urgencia de que era necesario iniciar con el tratamiento lo antes posible.

Indagué el estado físico de María y me confirmaron lo avanzado de su enfermedad y pronóstico de terminalidad; por fortuna no presentaba síntomas de daño en los órganos principales, como sus pulmones, los cuales no estaban comprometidos. No había otros síntomas paralelos ocasionados por el cáncer y las metástasis, y aún no había dolores fuertes.

Tuve una consulta con María y le pregunté directamente si conocía su pronóstico y cuáles eran sus pendientes. Platicamos sobre sus hijos, que se quedarían al cuidado de su propia mamá, la abuela de ellos, y de sus hermanos, tíos de los mismos, ya que tenían un excelente apoyo familiar. Le volví a preguntar qué era lo que tenía pendiente en la vida, y viéndome a los ojos, con lágrimas, me respondió que ir al mar con sus hijos, pues ése había sido su sueño e ilusión.

Me moví para conseguir entre mis amistades un donativo de 20 000 pesos, pero no para ser utilizado en la primera sesión de quimio, sino para que se fuera a Veracruz con sus hijos por unos días; su mamá comentó que tenía unos parientes allá, quienes estarían dispuestos a recibirlos por un tiempo. Evaluamos pros y contras y María y su mamá decidieron tomar el riesgo de realizar el viaje.

María cumplió su sueño de viajar con sus hijos al mar, y estando allá hicieron una bella despedida con los cuatro pasos de sanación; asimismo aprovecharon el deseo cumplido de estar frente al mar para hacer un recuento de su vida y despedirse. María les confirmó a sus hijos que después de que ella falleciera se quedarían bajo el cuidado de la abuela, y les encargó que fueran buenos con ella.

Fue un lindo recuerdo el que se quedó grabado en sus hijos, el último en vida de su mamá, y el hecho de saber con claridad quién se haría cargo de ellos y cómo estarían las cosas les permitió bajar su nivel de angustia.

Agradecieron profundamente la gran oportunidad de tener esa convivencia con su madre cuando todavía tenía el dolor y los síntomas controlados. María falleció alrededor de dos meses después de ese viaje.

PACO regresa a casa

Paco, un pequeño de tres años originario de Chiapas, diagnosticado con un tumor cerebral avanzado y progresivo.

Estuvo cinco meses internado en el Hospital Infantil Federico Gómez, con muchos tratamientos y cirugías. Margot, su madre, lo acompañaba de día y de noche en el hospital, estaban solos en la Ciudad de México y ya se habían terminado los pocos recursos que tenían.

La trabajadora social del hospital me solicitó que los apoyara para mandarlos de regreso a su pueblo, ya que finalmente los médicos les confirmaron que el pronóstico de Paco era terminal y no podían hacer más por él, motivo por el que lo darían de alta hospitalaria, y ya no contaban con el dinero para pagar el boleto para ir a su casa.

Me acerqué a varias aerolíneas a solicitar el apoyo, y unos ángeles vestidos como empleados de la aerolínea Mexicana de Aviación nos apoyaron para que fuera posible el regreso a casa de Paco y de su mamá. La aerolínea les regaló los boletos de avión desde la Ciudad de México a Chiapas en primera clase, para que Paco pudiera estar cómodo con su oxígeno. Se juntaron varios empleados para pagar el costo del helicóptero para acercarlos lo más posible al pueblo y consiguieron una ambulancia para llevarlos hasta la casa.

Fue necesario hacer varios trámites para poder culminar exitosamente el proceso, entre otros: obtener un permiso especial para transportar el tanque de oxígeno dentro del avión, solicitar la responsiva médica, coordinar el traslado entre el aeropuerto de Chiapas y el pueblo en la sierra donde vivían (10 horas por carretera), y otras diligencias más.

Cuando por fin se cumplieron todos los requisitos, se trasladó a Paco en ambulancia desde el hospital hasta el aeropuerto, donde ya estaba el personal de Mexicana de Aviación listo para recibirlo. Estaban muy emocionados al conocer el peso de la gran labor de ayuda que realizaban en beneficio de Paco y su mamá.

Estando ya en el aeropuerto y antes de que subieran al avión, le dije a Margot, la mamá de Paco: "Ahora sí necesitas repetirle a tu hijo mil veces: 'Paco, échale ganas, ya vamos a casa; Paco, échale ganas, ya vas a ver a tus hermanos; Paco, échale ganas, vas a ver a tus primos; Paco, échale ganas, falta poco para llegar a casa...', y una vez que lleguen a casa, le podrás decir: 'Paco, llegamos a casa, ahora te puedes ir' ". Margot me vio a los ojos y llorando me dijo: "No me digas eso, Miriam, por favor, no; claro que no puedo decírselo, no después de todo lo que hemos pasado".

Le expliqué que el viaje era el último jalón de vida para Paco, que ese viaje no era porque estuviera mejorando, sino lo contrario; que no era lo mismo llevar un cuerpo sin vida en un ataúd que llevar a Paco vivo, y lo importante que era para él y para ella que los hermanos lo vieran llegar después de cinco meses de ausencia y pudieran despedirse de él.

PACO REGRESA A CASA

Reconozco la capacidad de Margot para comprender, enfrentar la situación y tratar de reaccionar de la mejor forma posible ante lo que estaba viviendo. Desafortunadamente no tuve oportunidad de verla antes de ese día para poder prepararla con tiempo, pero así fue como se presentaron las cosas y ella lo aceptó de forma admirable.

Por fortuna Paco y Margot llegaron al pueblo en la madrugada y al día siguiente todos fueron a verlos. Le hicieron un tipo de fiesta de bienvenida con los primos y los vecinos del pueblo; los hermanos de Paco estaban felices de verlos y, sobre todo, de saber que mamá ya estaba en casa.

El papá de Paco estaba interno en la cárcel y llamó por teléfono a las 2:00 pm, le pusieron a Paco el auricular al oído y logró despedirse de él. Paco murió ese mismo día a las 2:40 pm, en su casa, en su cama, rodeado de sus hermanos y familia. Paco trascendió en paz y Margot estuvo acompañada.

Lo mejor que pudieron haber hecho en el hospital por Paco y Margot fue dejarlos ir a casa con el pequeño vivo, darle la oportunidad de morir rodeado de su familia, y no obligar a Margot a vivirlo sola, lejos de todos, y a regresar con un ataúd o con las cenizas. Siempre se puede y se debe observar la evolución de la enfermedad para ver las posibilidades reales de una curación.

En mi humilde opinión, me parece que tardaron demasiado en darles el alta por máximo beneficio. Hubieran podido dejarlos ir a casa cuando menos un mes antes.

Es importante mencionar que se pudo haber generado mucho rencor en los hermanos contra Paco por haberse llevado a su mamá por cinco meses, ya que lo podían haber vivido como abandono por parte de la madre. Por lo general, en estos casos, niños en las mismas circunstancias suelen desear la muerte del hermano enfermo para que su mamá regrese, y al momento en que aquél fallece, se les genera culpa porque su mente fantasiosa cree que ellos le causaron la muerte por haberlo deseado.

Por otro lado, es necesario que los pequeños no se queden con la idea de que el hospital se "tragó" al hermano, porque la próxima vez que alguien necesite ir al hospital, los niños lo asociarán con que el "hospital se come a los niños" y ya no salen.

Al momento de partir: la muerte esperada

Cuando alguien muere, lo primero que hay que hacer es no hacer nada. No salgas corriendo, no grites ni te desesperes; respira hondo y entiende la magnitud del momento.

Es una bendición poder estar junto a la cama de alguien que amas mientras hace su transición fuera de este mundo. En ese momento toman su último aliento, hay una sagrada transformación en el ambiente, se abre el velo entre los dos mundos, el de la vida y el de la muerte.

Estamos tan desprevenidos y sin entrenamiento en cuanto a la forma de lidiar con la muerte, que a veces un tipo de respuesta es entrar en pánico, aun sabiendo que nuestro ser querido iba a morir, así que su muerte no es totalmente una sorpresa. Es muy triste, pero no debe causarnos pánico ni desesperación. Su partida es una transición, y lo mejor es respirar profundo, detenerse y estar realmente presentes ante lo que está sucediendo.

Si estás en casa, tal vez puedas salir del cuarto y poner la cafetera para prepararte un café; siéntate en la cama y sólo hazte presente en la experiencia que está ocurriendo en la habitación.

Observa: ¿Qué está pasando para ti? ¿Qué puede estar ocurriendo para él o ella? ¿Qué otras presencias hay ahí que podrían estar apoyándole en su camino? Sintonízate con toda la belleza y la magia de su transición.

La pausa le da a tu alma la oportunidad de ajustarse, porque no importa lo preparados que estemos, una muerte siempre será un *shock*; si actuamos con desesperación, nunca tendremos la oportunidad de absorber la enormidad del evento. Date unos minutos sólo para ser y estar, pues nunca volverás a tener ese tiempo de vuelta si no lo tomas ahora. Después de eso, llama a quien necesites llamar, participa en lo que se tenga que hacer, pero muévete serenamente, porque éste es un periodo en que el cuerpo y el alma se están separando.

Si tienes la oportunidad de estar tranquilo y estar presente, tómala; acepta y adáptate a lo que está pasando, no esperes a recuperar el aliento más tarde, tienes que hacerlo ahora. Estar presente en los momentos después de la muerte es un regalo increíble para ti mismo, para aquéllos con quienes estás, y para la persona que acaba de morir; ella está empezando su viaje a la eternidad sin su cuerpo terrenal.

Si mantienes un espacio tranquilo alrededor de su cuerpo y en la habitación, su partida será de una cierta manera más hermosa, serena y sin angustia. Afrontar la muerte de nuestros seres queridos y la propia sería más fácil si comprendiéramos que somos seres mortales, que sólo venimos al mundo temporalmente.

RAQUEL, mi querida tía

Quiero contarte la historia de mi tía Raquel, una gran mujer de 96 años, madre de mi primo Jaime, quien vive fuera del país. Ella era hermana de mi papá y, al igual que mi abuela, siempre tenía una palabra amorosa, sólo salían bendiciones de su boca. En cada ocasión que yo tenía la oportunidad trataba de convivir un ratito con ella para acompañarla; para mí era un verdadero placer.

Le encantaba jugar en las maquinitas tragamonedas del casino y era muy querida por todo el personal de ahí. Yo le decía que era como el agua bendita: todos pasaban, la tocaban y la besaban, y ella era muy feliz con eso.

Muchas veces platiqué con ella sobre sus temores y constantemente me mencionó que tenía miedo de morir en soledad. Siempre le respondía que yo la acompañaría y asistiría hasta el último momento de su vida, que no tuviera miedo, que, si ella me lo permitía, ahí estaría para acompañarla hasta su final. Le preguntaba si tenía algún pendiente que la detuviera en este plano, a lo que invariablemente me respondió que no, que ella sabía que su hijo estaba bien y realmente no había nada que la preocupara; hablamos muchas veces de su deseo de no ingresar al hospital ni recibir cuidados extraordinarios.

Un día recibí la llamada telefónica tan temida por mí, por parte de Edith, su cuidadora, y de inmediato me desplacé a verla. Cuando llegué a su casa ya estaba ahí la ambulancia, y los paramédicos realizaban maniobras de emergencia; estaban por llevarla al hospital. Yo me negué a que la movieran, alegando que tenía su autorización y consentimiento verbal para tomar decisiones por ella, autorizada también por mi primo. Tuvo un infarto vascular cerebral y pude ver que posiblemente era su final. Le llamé a Jaime, su hijo, que por fortuna estaba en México, para que fuera a verla e hiciera una vez más los cuatro pasos de sanación, y le diera permiso para irse.

Yo estaba por viajar a Argentina unos días después, y le dije a la tía que me pesaba no poder cumplir con mi ofrecimiento de acompañarla hasta su final, pero que necesitaba salir de viaje por compromisos previamente adquiridos, los cuales no podía cancelar; y que si era su tiempo de irse mientras yo no estaba en México, también iba a estar bien. Estuve con ella todos los días antes de irme y cuando me despedí lo hice como si fuera la última vez que la vería con vida.

Este hecho sucedió en febrero de 2020, y en marzo de ese año se desató la pandemia por covid-19, por lo que tuve que regresar a México, pero no pude ir a visitar a la tía porque ella estaba resguardada en su casa para evitar un contagio, y nadie podía ir a visitarla. Yo estaba en contacto con ella vía telefónica a través de Edith, ya que su habla se afectó, y ésta era la única que le entendía, pero la tía sí escuchaba y, al parecer, comprendía lo que se le dijera.

En una ocasión me escapé y fui a visitarla con todas las precauciones necesarias; cuando me quité momentáneamente el cubrebocas y le dije "tiita, soy Mirianica", me recibió con una gran sonrisa y me aventó un beso (éste es el recuerdo con el que me quedo de ella). A partir de ese día la visitaba, siempre tomando todas las medidas de seguridad, buscando darle unos minutos de alegría a ella, descanso a Edith y yo también alegrar mi corazón.

Los meses pasaron y la tía estaba igual, sin cambio ni deterioro, hasta que comenzó a mostrarse angustiada. Edith me comentó que gritaba mucho en las noches y agredía al personal, e incluso le enviaron un mensaje de precaución a mi primo, porque parecía como si alguien estuviera maltratando a su mamá. Decidí pasar más tiempo en su casa, tratando de apoyar a Edith, quien ya mostraba signos de cansancio y parecía estar abrumada.

Un día volví a recibir la temida llamada de Edith diciéndome que la tía estaba muy mal, y que un familiar había llamado a la ambulancia. Me trasladé de inmediato y de nuevo evité que la movieran. En ese momento decidí mudarme a vivir a su casa, para evitar que pudieran tomar una decisión causada por la desesperación. Le hablé a mi primo, quien estaba fuera del país, para sugerirle que viajara lo antes posible a la Ciudad de México, no como emergencia sino como prevención, y al día siguiente él y su esposa lograron estar en México.

La angustia de la tía iba en aumento: se rasguñaba la cara y se jalaba el pelo, y por más que intentábamos tranquilizarla, nada le ayudaba; estaba fuera de sí. Le llamamos al médico, quien accedió a administrarle un tranquilizante y llevarla a una sedación paliativa. La medicación fue de menos a más hasta que, finalmente, ella se tranquilizó y estuvo sedada casi tres días ya sin comer, sólo siendo hidratada con gotero y gasas húmedas en la boca.

Yo dormía con ella en la cama, y una noche me desperté a las 4:00 de la madrugada porque ya no escuché su ronquido, por lo que me di cuenta de que ya no respiraba. Le hice la prueba del oxímetro y busqué su pulso, sin resultado positivo, ratifiqué que su cuerpo ya no tenía vida. Me senté a su lado y le repetí los cuatro pasos de sanación, dije una oración a su lado y llorando de agradecimiento, de amor, de soledad, le deseé buen camino.

Fui a la cocina, me preparé un café y regresé al cuarto; quería estar con ella y acompañarla en todo momento; no le vi el caso a despertar a la familia con la noticia a esa hora, ya tendrían tiempo de acudir después. A las 6:30 fui a hacerme otro café y salió Edith de su cuarto, y al ver mi cara dedujo que la tía ya había fallecido; fue entonces cuando llamé a mi primo Jaime y a su esposa para darles la noticia, con el fin de que ellos iniciaran con los trámites correspondientes y las llamadas a la familia.

Poder prevenir lo previsible es brindar calidad de vida tanto al paciente como a sus familiares. Evitar la angustia del viaje después del fallecimiento a los hijos, aplicar la sedación paliativa a tiempo, impedir el traslado del paciente al hospital, evitar el desgaste, la angustia, la desesperación y el sufrimiento. Prevenir hasta donde sea posible lo indeseable que podría suceder es ir un paso delante de los hechos antes de que sucedan y poder quedarse con la gran satisfacción del deber cumplido.

Al momento de partir: la muerte repentina*

Las pérdidas repentinas ponen en jaque nuestro sentido de la vida, así como nuestro sistema de creencias y valores. Como lo he comentado en otros capítulos, el hecho de poder trabajar el duelo anticipado durante el transcurso de la enfermedad es una gran oportunidad para lograr llegar a la aceptación y aminorar el dolor por la pérdida; sin embargo, la muerte repentina encierra un desafío adicional, ya que, al no haber oportunidad de decirle adiós o expresarle un "te quiero", se queda eso como pendiente, y en ocasiones el recuerdo que se queda es la discusión que hubo antes de que saliera de la casa, la última vez que lo viste.

La muerte repentina suele involucrar situaciones de violencia, como son los accidentes de tránsito, un infarto, un asesinato o un suicidio, lo que hace aún más difícil la capacidad de hacer frente a esta pérdida. De un minuto a otro la vida cambia para siempre y no se ha tenido oportunidad para prepararnos y asimilar esta despedida. Es por

---

* Este texto es una síntesis del artículo "La muerte repentina", publicado en el portal Manejo del Duelo. La versión completa puede consultarse en https://manejodelduelo.com/la-muerte-repentina-de-un-ser-querido/.

esta razón que quiero hablarte brevemente de este duelo especial.

En estos casos, los sentimientos de angustia, culpa y enojo suelen ser más intensos que los producidos por la muerte luego de una prolongada enfermedad; los dolientes se ven obligados a enfrentar la muerte del ser querido de forma instantánea y sin previo aviso, generando respuestas intensas como el *shock* profundo, la culpa por asuntos pendientes, la desesperación, el enojo, la depresión intensa y la desesperanza frente a un mundo que no se muestra seguro.

También se presentan síntomas físicos, los más comunes son: problemas para dormir, fatiga, cambios en el apetito e incluso afecciones cardiacas, desesperación y ataques de ansiedad e ira, disminución del control de esfínteres y otros. No hay que olvidar que el duelo es un proceso cíclico, por lo que los síntomas pueden aparecer y desaparecer a lo largo del tiempo, hasta que se trabajan y pueden transmutarse.

Inevitablemente, sin previo aviso, los supervivientes se ven obligados a reordenar las prioridades de su vida, intentando paso a paso encontrarle un nuevo sentido a su presente y su futuro, resolviendo los pendientes que uno a uno se van presentando.

Las pérdidas naturales, por ejemplo un infarto, suelen dirigir la ira contra el ser querido fallecido porque no cuidó su salud, contra el médico por no haberlo detectado a tiempo o bien contra Dios por la injusticia que ha cometido. En el caso de las pérdidas causadas por el hombre, se trata de acciones hostiles de un individuo particular, por lo que el enojo suele centrarse en la persona responsable de esa muerte. En ambos casos los familiares comienzan a entretejer en su mente una multiplicidad de hipótesis que responderían a la pregunta "qué hubiera sucedido si…" Sienten una profunda culpa, impotencia y enojo por no haber sido capaces de protegerlo y evitarlo.

La muerte causada por suicidio es una pérdida especialmente compleja marcada por la culpa, el enojo y la vergüenza. "¿Cómo no me di cuenta?" "¿Cómo no pude evitarlo?" "¿Por qué me hizo esto?" o "¿Cómo hablar de ello con otras personas?" son tan sólo algunas de las preguntas frecuentes en este tipo de pérdida estigmatizada socialmente. El "si yo hubiera…" es la frase principal.

En la muerte causada por un acto violento no sólo los familiares se quedarán con la dolorosa sensación de que podría haberse evitado, sino que además suele haber un proceso judicial, teniendo que lidiar con la policía, los investigadores y abogados.

También puede existir la muerte sin el cuerpo, ya sea porque no se ha hallado el cuerpo o porque no pueden verlo debido a sus condiciones físicas. Los familiares pueden sentirse incapaces de aceptar esta pérdida e incluso pueden seguir esperando su regreso. En estos casos es indispensable hacer un ritual de despedida simbólico.

Tratar de dar sentido a esta muerte repentina puede ser en verdad difícil para los familiares sobrevivientes haciendo que la pregunta surja inevitablemente: "¿Por qué me sucedió esto?" "¿Qué hubiera pasado si…?" "Sin tan sólo pudiera…" Sin embargo, muchas veces puede ser difícil, si no imposible, encontrar una respuesta… no hay una contestación que repare esta dolorosa ausencia haciendo que este cuestionamiento se vuelva contraproducente para el proceso de curación. Quizá cambiando la pregunta de

¿por qué? para cuestionar "¿para qué está sucediendo esto?, ¿qué puedo aprender de esta situación?"

Lo que a mí me conforta es saber que la persona que falleció vivió lo que le tocaba vivir para trascender, ya que las enseñanzas nos dicen que no existen las casualidades ni los accidentes, todo es perfecto para concluir nuestra misión y aprendizaje de esta vida.

Es a los sobrevivientes a los que les cuesta trabajo comprenderlo, ya que la ausencia es muy marcada y más si no se encuentra una respuesta, si no se logra llegar a la aceptación.

Una de mis sugerencias es que te des la oportunidad de trabajar ese dolor a través de sentarte a escribirle una carta a tu ser querido que ya no está presente, donde realices el ejercicio de los cuatro pasos de sanación. Donde puedas plasmarle todo lo que tu corazón desee compartirle, agradecerle y pedirle perdón. Después de hacer la carta, haz un rollito con el papel y quémalo; deja que el humo lleve tu mensaje a donde deba llegar, después puedes deshacerte de las cenizas.

La muerte repentina deja tras de sí sobrevivientes aturdidos y vulnerables, por lo cual es importante atravesar este camino emocional respetando tus sentimientos y tus tiempos. Recuerda que todos tenemos la oportunidad de seguir mirando hacia adelante sin por ello olvidar a la persona fallecida.

En la oscuridad de la desesperación es posible que sientas que nadie te comprende o bien no deseas que otros te vean angustiado aislándote poco a poco para ocultar este dolor. Recuerda que si la pena no sale, se oxida en el interior. No te aísles ni trates de ocultar este duelo con medicación, drogas o alcohol, ya que sólo estarás adormilándolo y prolongando la sanación.

El proceso de duelo consume gran parte de nuestras energías diarias. Nuestra mente, cuerpo y espíritu están intentando comprender esta muerte que repentinamente ha cambiado nuestra vida. Haz sólo lo necesario y deja otras cosas para más tarde. No tengas vergüenza de pedir ayuda de quienes te rodean para afrontar la rutina cotidiana. Sobre todo, durante las primeras semanas, cualquier tarea doméstica, por más sencilla que sea, se puede convertir en un tedioso desafío, por ello deja que tus amigos y familiares te brinden su ayuda y te alivien de algunas tareas, como ir a buscar a los niños al colegio, hacer la comida, pagar las cuentas, etcétera.

Si sientes que no encuentras en tus amigos un espacio de contención o bien hay temas que no deseas hablar con ellos en ese momento, busca otros recursos que te permitan expresar lo que sientes. Por ejemplo, puedes escribirle una carta directamente hablándole a él, perdonándote y perdonándolo con absoluta sinceridad por los tiempos pasados. También puedes recurrir al arte, al canto, al baile; puedes pintar, escribir tus pensamientos en un diario, hacer *collages* o bien explorar tus emociones a través de mandalas.

Procura cuidar tu salud física y emocional durante el proceso de duelo. Como doliente, estás tratando con un evento sumamente angustiante, por lo que se trata de un camino con un fuerte estrés físico y emocional. Procura mantener una dieta equilibrada y saludable, así como dormir de siete a ocho horas diarias de forma natural. Realiza actividad física al aire libre, sal a caminar solo o en compañía de un ser querido. De esta manera ayudarás a aliviar la tensión física y emocional propia del duelo.

Tómate el tiempo necesario para reflexionar sobre el nuevo mundo que deberás enfrentar, así como los nuevos caminos que tomarás. Vívelo desde el amor por el ser querido y por amor a ti mismo, y no desde el rol de la víctima porque te "abandonó". Por ejemplo, es usual que muchos dolientes se dediquen a actividades solidarias, participen en labor voluntaria para proporcionar ayuda y atención a otras personas.

Decía un querido maestro: "Ese hueco dentro de ti llénalo de amor y ponlo al servicio de otras personas". Siempre que inicies una labor voluntaria, dentro de ti o en voz alta manifiesta: "Vengo a dar esto en nombre o memoria de mi ser querido [di su nombre]". Puedes acudir a asilos, albergues, orfanatorios… llevar la ropa del fallecido y ponerla al servicio de quien la necesite; puedes ir a leerles, cocinar, acompañar, cuidar, escuchar. Siempre encontrarás a quién poder apoyar.

Cuando sientes que no puedes afrontar este duelo solo, abusas del alcohol o de las drogas y lo único que haces es pensar en la persona fallecida, no dudes en buscar el apoyo profesional necesario. Puedes acudir a grupos de apoyo gratuitos ofrecidos por entidades de salud, religiosas o civiles en donde podrás encontrar un espacio para expresar libremente tus emociones junto a otras personas que atravesaron una pérdida similar a la tuya. También puedes acudir a un tanatólogo, especialista en duelo, para adquirir herramientas de afrontamiento saludables que te permitan asumir los desafíos diarios que han surgido desde esta muerte repentina.

La muerte de un ser querido es una experiencia dolorosa que se vuelve especialmente traumática para los familiares y amigos que fueron afectados por una muerte repentina. Esta pérdida suele parecernos prematura, injusta y equivocada, y puede entretejer en nuestra mente algunos pensamientos y sentimientos obsesivos. Tómate tiempo para vivir este duelo en plenitud… comprender y expresar estos sentimientos es el primer paso para construir un nuevo vínculo significativo con el ser querido fallecido basado en el amor y los bellos recuerdos compartidos.

PAULA, la mujer que se dejó ir

Paula, mujer de 30 años, madre de dos hijos y embarazada del tercero; tenía buena salud en general, sólo algunos problemas de várices, y gran desencanto de la vida, pues al parecer no era feliz en su matrimonio.

Llegó el momento del nacimiento de su tercer bebé, y, a decir de un vecino que la observó antes de subirse al coche para ir a la clínica donde iba a dar a luz, volteó con mirada triste a ver su departamento; con nostalgia, como si estuviera despidiéndose.

Trajo al mundo a una niña, y después del parto la anestesiaron para ligarle las trompas, ya que no quería volver a embarazarse. Al parecer todo salió muy bien y la llevaron a la sala de recuperación para tenerla en observación hasta que despertara. Pasaron un par de horas y su mamá estaba inquieta en la sala de espera, percibía que algo no estaba bien y exigió entrar a la sala de recuperación para poder verla y confirmar su estado.

Al tocarla en la frente (una caricia natural y común de su mamá), Paula reaccionó, pero no despertó, y en ese momento su mamá confirmó que algo fallaba. Llamó a los médicos, quienes confirmaron que algo era anormal y la trasladaron en ambulancia a un hospital de alta especialidad. Al llegar le hicieron los estudios necesarios, con los que detectaron que tenía muerte cerebral. Sus órganos todavía estaban "vivos", pero el cerebro ya no tenía posibilidad de reaccionar.

Y fue entonces cuando comenzó el calvario familiar, porque salieron a relucir muchas de las emociones guardadas por años: las culpas, el enojo, la tristeza, la ira, el miedo, y todas las emociones juntas salieron a flote, y todos se fueron contra los médicos, la clínica, el marido y quien apareciera; aquello se convirtió en una batalla campal de todos contra todos.

Maru, una querida amiga mía de toda la vida y hermana de Paula, me llamó para que los apoyara en este trance, y de inmediato me trasladé al hospital para ver cómo podía ayudarlos y acompañarlos.

Vi a sus papás deshechos, y mientras las horas pasaban y ellos estaban sentados en la cafetería, se veían el uno al otro, llorando y esperando solamente a que les avisaran que el cuerpo de su hija Paula ya había fallecido. Creo que esta imagen fue lo que más me impactó, ver a esa pareja de padres, cómo se iban consumiendo a cada minuto, esperando la confirmación de que ya había terminado esa pesadilla.

Me comentaron que Paula estaba conectada a un respirador, lo que le daba vida artificial; tenía suero intravenoso y el médico de guardia sugería ponerle una sonda nasogástrica para alimentarla. Hablé con Maru sobre las consecuencias de continuar haciendo aquello, sobre todo cuando era claro que Paula ya tenía muerte cerebral, y le sugerí que hablara con el médico neurólogo y le preguntara hasta cuándo la mantendrían conectada y qué pensaban hacer al respecto, ya que, de ser necesario, sin ningún conflicto de conciencia, yo la apoyaría para desconectar el respirador.

El médico indicó que por protocolo se le tenía que mantener conectada durante 24 horas, y después ya se podría desconectar la máquina. Reconoció que darle alimentación parenteral o nasogástrica no era lo indicado, y dijo que lo mejor que podían hacer era dejar que trascendiera en paz. Estuvo de acuerdo con la solicitud de que trasladaran a Paula a un cuarto normal para que la familia primaria pudiera estar con ella, acompañándola, y no mantenerla aislada en terapia intensiva.

Lo mejor que se puede hacer en estos casos es evitar que se conecte al paciente a la vida artificial, y permitir que el cuerpo termine su función cuando le corresponda hacerlo. En el caso que nos ocupa ya no había posibilidad alguna de recuperación de Paula, por lo que no había razón para mantenerla con vida artificial. Ésta es una muestra clara de lo importante que es evitar el desgaste físico, emocional y material, cuando no hay recuperación posible.

Hablé con la familia y los invité a realizar los cuatro pasos de sanación, y cada uno lo hizo en su momento y a su manera. Al día siguiente desconectaron la máquina y, oficialmente, el cuerpo de Paula falleció en paz.

Quizá uno de los mayores dolores y sentimientos de culpa a los que me he enfrentado ante una situación similar es el sincero y profundo deseo de los familiares por el pronto fallecimiento de un hijo o de un padre, así como, por el contrario, la voluntad de que viva sin importar su estado. Estos sentimientos son ambivalentes, pero lo que en realidad se desea es que el ser querido deje de sufrir, se anhela su bienestar. Es entonces cuando se puede comprender lo que sucede, y se le puede decir genuinamente: "Por el amor que te tengo, yo te dejo ir".

Cómo hablar con los niños de la muerte

> ¿Si no se conoce todavía la vida, cómo
> será posible conocer la muerte?
>
> CONFUCIO

Todo niño que haya vivido la muerte de un ser querido de forma tranquila, amorosa y en paz, tendrá la oportunidad de no temerle a la muerte. Si a un niño se le educa o muestra miedo a la muerte, ése será el significado que le dará por el resto de su vida, de ahí la importancia de poder mostrarle una cara amable, de reconocimiento que la vida y la muerte son una misma.

Cuando muere una mascota es una gran oportunidad para acompañar a un niño a vivir la experiencia y realizar el ejercicio de los cuatro pasos de sanación, lo cual les puede ayudar a vivir esa muerte y ese duelo de una forma más saludable y productiva.

Los niños saben más allá de lo que podemos decirles, ellos hacen lo que ven, no lo que escuchan. El amor entre los seres humanos surge de la comunicación emocional y honesta. Cuando los niños sienten que se les escucha con respeto, que tienen libertad para hablar y preguntar sobre el tema, expresar sus dudas al respecto, y que sus opiniones son tomadas en cuenta, la comunicación sobre la muerte se hace más fácil.

Las preguntas de los niños alrededor de la muerte no siempre son fáciles de entender, y es recomendable comprender la naturaleza de su pregunta para ver la manera de responderla y no proporcionar más información de la que se solicita. Responder con preguntas a veces nos da mayor claridad sobre lo que el niño se cuestiona. Por ejemplo, a una pregunta del tipo: "Oye, mamá, ¿a dónde fue el abuelo?", la respuesta podría ser: "Tú, ¿a dónde crees que fue?"

Es indispensable fomentarlos a que expresen sus emociones, ya sea a través del arte (dibujos, música, bailes o narraciones), o de cualquier otra manera que les permita sacar sus sentimientos, incluyendo sus miedos.

Cuando fallecen el papá, la mamá o su fuente de apoyo, el niño requiere saber con claridad quién lo cuidará, quién sustituirá al fallecido en las labores de su atención, qué sucederá con él en adelante.

Ante una situación que el niño puede vivir como abandono, se genera mucho miedo al futuro porque teme qué tanto va a cambiar su rutina diaria, y qué modificaciones se generarán en su vida. Ésta es su fuente principal de angustia y debemos asegurarle que tiene y tendrá amor y cuidado constantes, aun en la ausencia de la persona que se fue. Necesita saber cómo se modificarán sus costumbres.

Otra fuente de angustia es el temor a que fallezca o se vaya quien ahora será su nuevo cuidador primario. Es necesario reafirmarle que no se le abandonará.

La o las personas que queden a cargo deberán crear nuevas rutinas, reorganizarse de acuerdo con las circunstancias, y hacer partícipe al menor para que también opine y se sienta integrado a la familia en la toma de decisiones.

Es común que los niños que pierden a su sostén o ser querido expresen su enojo contra quien se fue o contra quien esté cerca; no es falta de respeto, es una muestra del dolor que el niño está viviendo. No es momento de educarlo sino de abrazarlo y decirle que todo va a estar bien. Es fundamental recordar que también él está transitando por todas las etapas del duelo, y éstas se pueden manifestar a través del llanto, la risa, el exceso de comida, el descontrol de esfínteres, la timidez, la agresión verbal y física.

Recuerda que la mente infantil es fantasiosa y los ayuda a crear su propia realidad; puede creer que causó la muerte porque lo imaginó o lo deseó, y esa culpa se le quedará por toda su vida, o hasta que lo trabaje en terapia.

En la medida en que tú expreses tus emociones frente al o la menor, le abrirás la posibilidad de ver que está bien expresar lo que uno siente. Si tú ocultas tus sentimientos, él o ella también lo hará. Es válido para ti transmitir tus dudas, enojos, frustración o miedo. Validar lo que tú sientes le ayudará a que él pueda hacerlo también. Puedes comenzar con un "Yo me siento… y tú, ¿cómo te sientes?"

Nuestras propias actitudes y palabras alrededor de la muerte son las que un niño puede llegar a recordar más; no se trata de evitarlas o fingir que nos sentimos diferentes, pero sí debemos recordar que la mayoría de las veces los pequeños viven ciertas cosas a través de nosotros, y es importante dosificar lo que queremos que asimilen.

Hablar con la familia y otros cuidadores (maestros, nanas, amigos) de cómo hemos explicado la muerte al niño ayudará a que todos formen una red de apoyo emocional para él, y que sepan que entre los adultos también existe una comunicación que hará para todos más fácil el tiempo emocional del pequeño después de sufrir una pérdida.

Guiarlo para que haga un ritual de despedida lo puede ayudar a lidiar con el enojo y la tristeza. Llevarlo a realizar los cuatro pasos de sanación y permitirle hablar, nombrar y mencionar libremente a la persona que murió; revisar fotos y videos que le recuerden los buenos momentos vividos con la persona amada y poder platicarlos le será de mucho consuelo.

Uno de los peores errores que es posible cometer con los niños es impedirles participar si quieren hacerlo, o, al contrario, obligarlos a estar presentes en los rituales del funeral si no desean hacerlo. Se les pueden sugerir las ventajas que tendrán al participar, pero deberá ser su elección. También el hecho de esconder las fotografías y los recuerdos será contraproducente para el niño por el miedo que tiene de olvidar al ser querido.

Si el niño decide acudir al funeral, es necesario explicarle con anticipación lo que ahí sucederá, decirle que habrá mucha gente y posiblemente lo atosiguen con besos, abrazos y frases de: "Lo lamento mucho, era una buena persona, yo la/lo quería mucho", y toda esa letanía que generalmente se acostumbra decir. Es importante prevenirlo/la para que no se sorprenda.

De ser posible, te sugiero llevar al menor a la sala de velación antes de que ésta se abra al público, o mantenerla cerrada mientras él esté ahí, para darle unos momentos de privacidad en la sala y permitirle tomar decisiones de qué hacer y qué no quiere hacer. Guiarlo con preguntas directas para que haga los cuatro pasos de sanación y se despida.

Hago esta misma recomendación para las personas que padecen de Alzheimer, cuando fallece un familiar querido.

De igual manera es importante prevenirlos de los eventos que se realizarán después del funeral, como son las misas y todas las costumbres familiares y locales. Tratar de que no haya sorpresas para ellos, o las menos posibles.

El niño puede sentir culpa por no sentir el mismo nivel de dolor que viven los adultos, por no pensar como los grandes o sentirse mal por estar vivo.

Cómo ayudar a los niños ante una pérdida

Lo primero que tenemos que hacer es no conducirnos de manera alarmista. Nuestra labor es calmarlos a ellos, no refugiarnos en ellos. En la manera en que enfrentemos una pérdida, les mostraremos la forma de hacerlo. Un ejercicio que generalmente sugiero es hablarles de la transformación del gusano a la mariposa, y de ser posible mostrarles un video para explicar la transición de vida a muerte, que, según se cree en la mayoría de las civilizaciones del mundo, sólo es el paso de una forma de vida a otra.

Los niños de tres a seis años requieren de información simple, un mensaje relajante en el que se exponga que todo va a estar bien.

Los niños de seis a 11 años necesitan recibir información más detallada, como que el cuerpo ya no estaba funcionando y se fue deteriorando; que el dolor que está sintiendo es algo temporal, que va a pasar.

Los adolescentes requieren una explicación un poco más extensa, de mayor profundidad, más tangible. Con ellos sugiero utilizar el ejemplo del astronauta que viaja con el traje espacial para realizar su misión en la Luna, y una vez concluida su tarea, requiere dejar el traje para poder regresar a la tierra; así se deja el cuerpo físico, sin energía.

Es importante mencionarles que el cuerpo físico que se entierra o se crema es como el traje a través del cual el alma, el espíritu o la energía se puede manifestar. Aclararles que no es papá al que se entierra, es su cuerpo al que se le acabó la gasolina (la vida). Es el cuerpo físico el que enferma y fallece.

La ciencia moderna aún no ha producido un medicamento tranquilizador más eficaz que unas pocas palabras bondadosas y un abrazo que cobije. Ofrecerles la posibilidad de que todo va a estar bien ayuda mucho.

En una ocasión me llamó mi hija llorando para informarme que había fallecido Canuto, el perrito que tenían en casa. Los tres hijos estaban desconsolados, lloraban con dolor y mucha culpa porque había sucedido un accidente. De inmediato me desplacé a su domicilio y sostuvimos una reunión a la que se unió mi yerno vía telefónica. Mis nietos tenían seis, nueve y 11 años, respectivamente, en esa época.

Comencé la plática dando lugar a que me contaran lo que sucedió, al nivel que cada uno pudo hacerlo; después pasamos a reconocer las grandes alegrías que Canuto nos había dado, los bellos momentos que pasamos con él, cuando se escapó y cuando brincó del balcón, y cada uno fue exponiendo sus recuerdos, con llantos y con risas estábamos los seis compartiendo el momento. Le pidieron perdón por lo que su mente inocente consideró que no habían hecho de manera correcta. En este caso fue que Canuto se causó el accidente y los niños no tuvieron culpa de ello.

Individualmente se despidieron con el mantra de las cuatro palabras del Ho'oponopono: "Lo siento. Perdóname. Gracias. Te amo". Ésta es una técnica ancestral hawaiana del perdón, que consiste en asumirse responsable, que no es ser culpable, de todo lo que está en tu vida, ya que, al tomar responsabilidad, te liberas.

En este caso, con mis nietos, utilicé la metáfora de que las mascotas vienen para acompañarnos por un tiempo, y sin duda su misión terminó.

Nos quedamos con el dolor por la pérdida de Canuto, pero con la gran satisfacción de habernos despedido de forma correcta. Al poco tiempo pudieron adoptar a otra perrita.

BETO o JOAQUÍN III, prepararse para trascender

Cuando uno tiene conciencia de muerte,
aprende a disfrutar la vida.

PILAR SORDO

A lo largo de su corta vida, Beto, un muchacho de 11 años que nació con hidrocefalia congénita, ha tenido 34 intervenciones quirúrgicas e innumerables ingresos al hospital. Es un chico que a pesar de que sus capacidades son diferentes y requiere asistir a la escuela con atención personalizada, es un líder natural, muy querido por sus compañeros y maestros.

En una ocasión fui a la escuela a donde Beto asistía y me topé con él, lo saludé como siempre lo había hecho, y le dije: "Beto, qué gusto me da verte de regreso en la escuela, eres un guerrero"; a lo que él me respondió: "Ya no soy Beto, ahora soy Joaquín Tercero". Me despedí, diciéndole: "Joaquín Tercero, me da gusto que ya estés de regreso en la escuela", y me fui a hacer otras cosas.

Pasados algunos días reflexioné en las palabras de Beto, y recordé que siempre le habíamos estado diciendo: "Beto, échale ganas, eres un gran guerrero, tú puedes, vas a salir de ésta". Creíamos que todas estas palabras le daban ánimo, fortaleza e impulso, pero a Beto le estaban provocando una reacción adversa, y ya no quería continuar recibiéndolas. Percibí su cansancio al escucharlas y pelear día con día por la vida y, por esa razón, asumí que quería dejar de ser Beto para convertirse en Joaquín III, como su papá.

Pocos días después de mi descubrimiento, Beto reingresó al hospital para el cambio de una válvula, circunstancia que yo aproveché para visitarlo y platicar en privado con sus papás. Les expuse mi percepción de que, como fantasía natural de los hijos de padres divorciados, Beto se sentía bien de estar en el hospital para ver a sus papás unidos de nuevo, tanto físicamente como en la preocupación por él.

Con el permiso de sus padres, Beto y yo sostuvimos una plática privada, abierta y profunda, sobre los miedos de él, su sentir y sus deseos. Confirmé mi teoría, ratificando con él que ya estaba cansado de las entradas y salidas del hospital. Estaba harto de vivir de esa manera, y textualmente él me confió que ya estaba listo para trascender, que se quería ir con su abuelo y su prima ya fallecidos, quienes, por cierto, se encontraban ahí mismo (la visión de la energía), y lo estaban esperando.

Cuando entraron los papás al cuarto, impulsé a Beto para que hablara honestamente con ellos y les dijera todo lo que quería decirles, y le hice sentir que yo estaba ahí para apoyarlo. Beto les repitió lo que me comentó a mí, respecto a que ya estaba listo para trascender. Los papás con lágrimas en los ojos le dijeron que por ellos estaba bien que se fuera si era su tiempo, que le daban permiso para irse.

Hicimos una pequeña constelación familiar, donde papá y mamá asumieron la responsabilidad de sus vidas y de su matrimonio, y liberaron a Beto de cualquier carga que él pudiera haber asumido; platicamos de su cansancio y su deseo de trascender, reconociendo y verbalizando papá y mamá que lo dejarían partir cuando fuera su momento. Ambos se comprometieron a respetar su deseo de que no se aceptaran más reingresos al hospital, ni cirugías, ni tratamientos invasivos.

Beto se alegró profundamente al escuchar que sus papás le daban permiso para irse, que estaban listos para dejarlo trascender en paz, y les pidió permiso para pasar sus últimos días en el campo, con sus abuelos en Tlaxcala. Hicieron el ejercicio de los cuatro pasos de sanación; abrazados los tres, lloraron juntos; dijeron en voz alta lo que su corazón tenía guardado, y finalmente lograron comunicarse.

Han pasado tres años (este texto data de los últimos días de 2021) de este episodio, y Beto aún está con vida en Tlaxcala, con un cuerpo que poco a poco se va deteriorando, con altas y bajas, pero vive en paz, con la tranquilidad que le dio la promesa de no tener que volver al hospital ni padecer más tratamientos invasivos. En teoría, casi todos en su familia, y en la escuela, están preparados para su fallecimiento, cuando sea su momento de partir.

Para mí éste es un claro ejemplo de lo que significa brindar calidad de vida hasta el final; aunque él habite en Tlaxcala lejos de sus papás, ellos saben que él está viviendo en paz, y eso es lo más importante.

Quiero mencionar en este capítulo el testimonio que me dio la mamá de Beto sobre lo que ella vivió en el momento en que le dieron el diagnóstico acerca de la condición del feto, antes del nacimiento, lo que nos habla claramente de los pasos del duelo.

Lo primero que experimentó fue el *shock*, la negación, miedo a lo desconocido, pavor al futuro, certeza de que era un castigo de Dios, la culpa porque no estaban casados por la Iglesia. Como consecuencia de todo lo anterior, la relación de pareja comenzó a deteriorarse, pues ambos se echaban mutuamente la culpa de la situación, y uno al otro se empezaron a echar en cara viejos enojos familiares, hasta entonces guardados.

Ella comenzó a investigar las razones genéticas de lo que pasó, y qué podía esperar en el futuro, y la mejor manera de enfrentarlo como madre soltera, por si se separaba del marido. Sabía que no podía caerse ni deprimirse, pues tenía que sacar adelante a su pequeño. Decidió dejarlo todo en manos del Creador, con la aceptación total de que, si su hijo iba a sufrir, ella se lo entregaba de corazón.

A partir de ese momento de aceptación dejó de resistirse al diagnóstico y comenzó a disfrutar su embarazo, y después la llegada del bebé; llena de miedo, sí, pero con serenidad.

La vida con su hijo ha sido un subibaja, sin reglas a seguir y abierta a cualquier sorpresa, viviendo el día a día, sin esperar nada.

Hablemos un poco de la reencarnación

Dentro de mis múltiples búsquedas a lo largo de la vida, en una ocasión escuché hablar sobre la teoría de la reencarnación y, aunque no lo comprendí del todo, sentí que me era necesario adentrarme en el tema, pues durante muchos años había tenido la intuición de que las cosas no podían terminar así nada más, de manera tan simple; que forzosamente debía haber algo más allá de la pura muerte física.

Fue precisamente esa revelación la que me brindó las herramientas necesarias para poder trabajar el día de hoy con personas que están pasando por el máximo trance de su vida, y ayudarlas a evitar sentir tanto dolor.

No puedo ni quiero dejar pasar la oportunidad de compartir contigo esta enseñanza que cambió mi perspectiva de la vida y cuyo conocimiento me ha dado las herramientas para poder hacer lo que hago, y encontrarle el sentido a la vida y tratar de comprender la muerte. Espero poder transmitírtelo de la forma en que lo entiendo yo, para que puedas decidir si lo aceptas o no.

Dice la mayoría de las enseñanzas antiguas que cuando vamos a nacer (encarnar en un cuerpo físico), nuestra alma hace un pacto con el Creador (Dios, Jehová, Buda... ponle el nombre que tú quieras), en relación con lo que vamos a trabajar en esta vida; entonces se nos proporciona un equipo apropiado para poder manifestarnos (cuerpo físico) y se nos dota de la gasolina necesaria para lograr nuestra meta (energía vital). Se nos coloca en el medio ambiente necesario (familia) para poder aprender y enseñar lo que nos corresponde (misión). Una vez que se logra alcanzar la meta comprometida (aprendizaje), lo que por lo general coincide con que se acaba la gasolina (vida), es el momento de dejar nuestro equipo físico en este plano, para poder regresar al origen.

Hay almas que requieren una semana, un mes, un año, 10 o 60 para lograrlo, y una vez alcanzada su meta, dejan su equipo físico en la tierra y se van de regreso; hay personas que a los 80 años no descubren cuál ha sido su misión y mueren sin lograr alcanzar su cometido, por lo que el alma tendrá que regresar para volver a intentarlo.

Valga la comparación, pero es como si nuestra alma, después de graduarse de primaria y secundaria, decidiera inscribirse en la preparatoria abierta y se registrara en ciertas materias que son de su interés aprender (soberbia, enojo, lujuria, empatía, crecimiento, familia…). Escoge a los maestros adecuados, que considera que podrán ayudarle a realizarlo, y a lo largo de la vida se van presentando los instructores y los exámenes necesarios para ir subiendo de nivel, hasta que llega el día de la graduación.

Las personas con las que te vas a encontrar están predestinadas, pero tenemos el libre albedrío de decidir qué hacemos con ese encuentro. Qué lección vamos a aprender, o nos vamos de pinta y no tomamos la clase. Es nuestra decisión si queremos crecer o quedarnos dormidos.

Según dicha tradición, todos venimos a esta vida a cursar ciertas materias con los maestros apropiados, y de nosotros dependerá si nos aplicamos en el estudio, las aprobamos y trascendemos, o si tendremos que regresar a repetirlas, con otros maestros más exigentes y exámenes extraordinarios; quizá en la actualidad estamos presentado el examen pendiente de la anterior. Creamos todo esto o no, lo que sí es muy real es que nadie se va antes de su tiempo, y como reza el dicho: "Si te toca, aunque te quites, y si no te toca, aunque te pongas".

Dice el doctor Brian Weiss, primer psiquiatra estadounidense que desde su experiencia científica se atrevió a estudiar y hablar de la reencarnación: "Nosotros existimos antes del nacimiento, y existiremos después de la muerte, porque nuestra naturaleza real es un alma inmortal, no el cuerpo. La energía del alma es el amor. Encarnamos para aprender que el amor es real, todo lo demás es ilusión. Nunca perdemos a las personas que amamos porque la relación del alma es eterna".

Según los maestros no existen los accidentes ni las casualidades, todo tiene una razón de ser, y siempre es para bien, para ayudarnos a crecer. La vida no es cuestión de suerte ni casualidad, todo está perfectamente calculado de acuerdo con los temas que vamos a trabajar. No tienes la personalidad por haber nacido en un signo astrológico, sino que naces en esa fecha para tener las herramientas necesarias para trabajar tu tema.

Ante un evento cualquiera lo que debemos preguntarnos es: "¿Para qué se está presentando esto en mi vida?", y dejar de lado el "¿por qué?", ya que nunca obtendrás respuesta. Hay una frase que utilizo en mi vida diaria y me da mucha paz; con gusto te la comparto: "Esto también es para bien" (*gam zu letova*). Todo es para nuestro bien, aunque de momento no lo comprendamos.

El rabino Sadok Cohen Ravinovich dijo: "Cuando hayamos terminado la corrección voltearemos atrás y veremos todos los terribles errores que cometimos en el trayecto y nos daremos cuenta de qué tan perfectos realmente fueron". "Nuestros errores fueron perfectos y nuestras caídas fueron una bendición; todo fue para nuestro crecimiento, para aprobar la materia."

¿Te has encontrado con una persona desconocida y a los cinco minutos de plática sientes que la conoces de toda una vida?, o ¿alguien que nunca habías visto y su cara te parece muy conocida? Es nuestra alma la que se identifica con la otra alma. Hay parejas que, en otra vida, por diversas circunstancias, no pudieron estar juntas y en esta vida están juntas y felices hasta el final porque así lo acordaron desde que bajaron.

Si te interesa conocer más del tema, puedes encontrar una mejor y más amplia explicación a través de la literatura del doctor Weiss, sobre todo lo expuesto en su libro *Muchas vidas, muchos maestros*; también puedes incursionar en el estudio de la cábala a través del canal de YouTube Shomrim Laboker, el video de "Reencarnación", o adentrarte en temas sobre budismo y taoísmo.

Testimonios de personas que vivieron una sedación

Antes del encierro obligatorio vivido por la pandemia por covid-19 del año 2020 yo acostumbraba dar talleres presenciales y generalmente cerraba con una visualización, a través de la cual llevaba a los asistentes a verse involucrados en un accidente y sus consecuencias. Casi siempre al final del ejercicio hubo alguien que levantó la mano y validó la experiencia vivida en la visualización como una situación real, que tiempo atrás había experimentado en un accidente o una operación.

Me interesa compartir contigo esta experiencia para que puedas comprender que las personas que están en terapia intensiva, en sedación, en estado de coma inducido o cualquiera que sea su situación, están VIVAS y por lo general escuchan lo que sucede alrededor, sin mencionarte aquí los viajes astrales que realizan cuando se desprenden de su cuerpo físico y desde arriba tienen la oportunidad de visualizar lo que sucede abajo, en el plano terrenal.

Ante la situación por el covid-19 que vivieron muchas personas que ingresaban al hospital y requerían ser intubadas y sedadas me cuestioné lo que estarían viviendo. A través de mis redes sociales solicité voluntarios para que me compartieran su experiencia para documentarla. Consulté a cerca de 50 personas que en algún momento de su vida habían pasado por esa vivencia, y a continuación me permito compartirte el resultado de ese ejercicio.

Varios de los entrevistados manifestaron que, a pesar de estar sedados, anestesiados o en estado de coma inducido, escuchaban los movimientos y ruidos de las máquinas de terapia intensiva; oían las pláticas de las enfermeras y varios manifestaron que podían repetir las conversaciones sostenidas dentro del cuarto. Quiénes habían entrado a visitarlos, qué dijeron, qué hicieron.

Quiero dar algunos ejemplos de los que más llamaron mi atención, porque se repitieron en muchas de las entrevistas. Sólo mencionaré los más destacados. Los nombres fueron modificados por cuestiones de privacidad.

Miguel, de 38 años, padre de dos pequeños de ocho y cinco años, hijo de un querido primo mío, de una familia muy unida. Precisamente por él nació mi inquietud de realizar este estudio, para conocer de viva voz lo que experimentan los pacientes y dejar evidencia de lo que él vivió.

Cuando recién comenzó la pandemia, él contrajo el virus en un viaje y al regresar a México tuvo que ser hospitalizado por baja saturación de oxígeno. Estuvo intubado y conectado al respirador por cerca de tres meses, con sedación profunda.

Manifestó que él veía su cuerpo desde arriba, como si lo estuvieran velando. En las noches tenía más miedo de morir porque le suministraban muchos medicamentos tranquilizantes. Estaba consciente en algunos momentos, de forma intermitente; entraba y salía de la sedación, como de un sueño profundo; él supone que ello dependía del medicamento que le suministraban.

Aunque recuerda pocas cosas aisladas, percibió el maltrato del personal hacia los otros pacientes, la falta de respeto hacia los cuerpos y el contraste con la tranquilidad del lugar.

Esperaba la hora de visita familiar para no sentirse tan solo, a pesar de que él no podía comunicarse. Las enfermeras manifestaron que cuando entraban su mamá y su esposa al cuarto, el ritmo cardiaco se le elevaba. Le llevaron fotografías de familiares que pegaron en las paredes, y eso fue su gancho para quedarse en la vida. Él desde arriba podía ver las fotografías de sus hijos y eso le daba ánimos para continuar.

Pensaba en su esposa e hijos, no quería dejarlos huérfanos tan pequeños, y eso lo impulsaba a salir adelante. Escuchaba a su mamá a lo lejos (ya que tiene la voz fuerte y elevada), cómo peleaba con la señorita de seguridad para que la dejara entrar fuera de horario, y eso... le daba ánimos para seguir luchando.

Miguel lloraba de miedo e impotencia, preguntándose qué iba a pasar con su vida. Todos pensaban que lloraba porque tenía dolor físico y le daban más medicamento, cuando su dolor era totalmente emocional. Por fin pudo salir de ese estado de coma inducido y tuvo que reaprender a hacer absolutamente todo, desde comer, caminar y hablar. Poco a poco se fue recuperando y finalmente, por fortuna, retomó su vida, ahora con mayor fuerza.

Karla, de 20 años, estuvo en coma por dos años a causa de un accidente automovilístico. Un día, de repente, despertó y salió del coma como si nada hubiera pasado.

Después de la gran sorpresa que todos en su casa vivieron, Karla recordó y manifestó a sus papás y amistades lo que había vivido, de lo cual me compartió lo siguiente:

Recordó claramente la charla del médico con sus papás, en la que aquél les sugería que la desconectaran, que ya no había nada que hacer, que había estado en coma por mucho tiempo y no había posibilidad de que se recuperara. Karla los escuchó y estaba muy angustiada, quería hablar y decirles que estaba viva, que percibía lo que sucedía a su alrededor, que por favor no la desconectaran, que ella quería vivir.

El médico observó que estaba agitada mientras ellos platicaban, y sin mayor investigación le mandó poner otra dosis de tranquilizante. Así la mantuvieron mucho tiempo. Afortunadamente los papás no aceptaron desconectarla y ella despertó cuando estuvo lista para hacerlo.

Betty, de 23 años, intubada y sedada. Escuchó el llanto de su papá y ella se vio como espectadora desde arriba, acostada en la cama del hospital, intubada, y a sus papás llorando. Luego de ver este episodio, Betty se recuperó, dos semanas después.

Perla tuvo un accidente de coche, estaba sedada e intubada, pero escuchaba todo lo que sucedía en el piso de terapia intensiva. Recuerda las carcajadas de las enfermeras hablando de sus aventuras sexuales y sosteniendo pláticas muy personales. Hablaban como si Perla no estuviera presente, era invisible para ellas.

Recuerda que sentía mucha soledad y anhelaba que llegara la hora de visita para escuchar a su familia. Quiso escribir, y como pudo pidió ayuda para hacerlo, pero la enfermera la sedaba nuevamente, porque decía que la veía inquieta. Ella sólo luchaba para poder comunicarse.

Un día la mamá entró al cuarto, la sacudió y le dijo que tenía que vivir, que tenía tres hijos y por ellos tenía que salir adelante. Ella recuerda que ese momento hizo que tomara fuerzas para salir. Después de que la mamá salió de la habitación, entró su hermana, y ella como pudo, en silencio y a señas, le comunicó que quería escribir. La hermana intuyó lo que sucedía; incrédula, con mucha calma, le acercó un cuaderno y un lápiz, y poco a poco empezó a escribir.

Los padres hablaron con el médico y le pidieron que no la sedaran más, para darle oportunidad de salir. Perla finalmente se recuperó.

Julián estuvo 15 días en coma. Su mejor amigo iba a verlo todos los días, le hablaba y le tocaba la cabeza y las manos. Cuando salió del coma recordaba perfectamente las visitas y las palabras que le decía el amigo. Meses después Julián falleció. Su yerno fue el que me contó la experiencia.

Magdalena estuvo sedada en dos ocasiones y no recuerda nada. Sin embargo, me compartió que su hermana Patty había tenido un derrame cerebral y estuvo en coma, conectada al respirador por 20 días. Cuando le hablaban, sobre todo su mamá, derramaba lágrimas espontáneas. Patty sí falleció.

Guadalupe me contó que su hermano Juan se contagió de covid-19, fue intubado e internado en terapia intensiva en California. Todas las noches Guadalupe, que estaba en su casa, en la ciudad de Guanajuato, juntaba las manos y rezaba por la sanación de Juan y hablaba con él a distancia. Le decía: "Hermano, toma mis manos y respira a través de ellas, utiliza mis manos y pulmones para respirar. Haz lo que tengas que hacer, y si es tu momento de irte, vete en paz".

Después de un par de semanas Juan reaccionó, fue desintubado y llamaron a su esposa, quien llegó rápidamente para verlo. Juan pidió que también entrara su hermana Guadalupe, y la esposa, sorprendida, le dijo que ella no podía entrar porque estaba en Guanajuato, México. Él insistió en que ella estaba en el pasillo, porque todos los días hablaban, y él la veía. No fue sino hasta que habló por teléfono con Guadalupe que Juan aceptó la realidad de lo sucedido.

Arregló un par de pendientes que tenía con su hijo y un hermano, y después de resolverlos, cuatro días después de salir del coma, Juan falleció en paz.

Aunque hubo muchas personas contagiadas de covid que llegaron con muy baja saturación de oxígeno o inconscientes al hospital, y simplemente no recuerdan nada de lo que sucedió, desde el momento mismo en que ingresaron, también abundan los casos contrarios que recuerdan todo.

Son muchos los ejemplos como éstos narrados anteriormente, que se presentan de manera repetitiva, con algunas modificaciones, pero el aporte es que la mayoría de las personas que se encuentran en estado de sedación o de coma están VIVAS. No porque no puedan comunicarse significa que ya no están en su cuerpo. El alma se manifiesta de diferentes maneras, y es necesario escuchar con el corazón, desarrollar la intuición y hacerle caso, y no tratar de escuchar sólo con los oídos.

Todos los testimonios hablan de la necesidad que viven de comunicarse, de expresar lo que sienten. De la importancia de las visitas, del contacto humano, de ser vistos y respetados.

SOFÍA, **un último capricho**

Deseo compartirte una experiencia que marcó mi manera de pensar y actuar:

En una ocasión que me tocó acompañar al equipo de cuidados paliativos domiciliarios a una consulta donde tuve la fortuna de visitar a Sofía, una mujer de 56 años, que, a pesar del grado avanzado de su enfisema pulmonar, se mostraba alegre, contenta; nos recibió con galletas y refrescos y una amplia sonrisa.

Al platicar con ella le pregunté qué era lo que más deseaba hacer. Su respuesta fue clara: "Doy la vida por un cigarro". Me confió que extrañaba mucho tomar una copa de tequila acompañada de un buen cigarro, pero esbozó un gesto de tristeza, pues sabía bien que no debía hacerlo. Hacía tiempo se lo habían prohibido.

Llamé aparte a la doctora y le pregunté cuál sería la consecuencia si se fumaba un cigarro. Después de pensarlo un momento, me respondió que realmente ninguna, pues el daño en los pulmones ya estaba hecho y los medicamentos no se contraponían mucho con el tequila. Sólo me recomendó que tuviera mucho cuidado con cerrar bien el tanque de oxígeno para que no explotara.

Como una niña que hace una travesura, la invité a que fuéramos a la terraza a respirar el aire fresco. Una vez afuera, le pregunté donde tenía guardado el tequila y fui a buscarlo. Lo saqué y serví tres caballitos. Luego le pedí un cigarro a la enfermera y se lo ofrecí a Sofía, quien me vio con ojos estupefactos... No podía creer lo que estaba sucediendo, se veía feliz sólo de pensarlo y sentir el cigarro entre sus dedos.

De repente llegó su hijo Ramón, quien al ver lo que estaba pasando se puso a gritarle de muy mala manera a su mamá, regañándola y reclamándole si no había entendido la lección del daño que le hacía el cigarro... Toda una letanía muy agresiva. Dejé que se calmara un poco y reconocí que yo era responsable de haber organizado esa pequeña "fiesta". Le recordé que Sofía estaba en etapa terminal y que ni el cigarro ni el tequila le harían más daño. Lo invité a que nos acompañara, pero estaba furioso y se fue a su cuarto.

No pasaron ni cinco minutos cuando Ramón abrió la puerta de la terraza. Al parecer recapacitó y reconoció que esos momentos no podían hacerle daño a nadie, así que decidió acompañarnos a brindar por la vida de su mamá. Mi pequeña travesura y ese simple gesto le dieron una inmensa alegría a Sofía, quien falleció unos días después, feliz por la experiencia vivida.

Despedida

Nos enseñaron a vivir la muerte como un hecho traumático, en vez de vivirla como un hecho natural; en la vida nos preparamos para todo, menos para la muerte. Todos los miedos que tenemos en la vida tienen su raíz en el miedo a morir, el miedo al dolor, y, en el camino, dejamos de vivir por el miedo a morir.

La palabra *muerte* tiene tantas influencias negativas que habría que eliminarla del vocabulario y llamar a este proceso "trascendencia", porque eso es lo que hacemos, trascender a otra realidad, adecuada a nuestro estado de conciencia. Vivimos diferentes etapas que nos permiten trascender al siguiente nivel: el feto muere para que nazca un bebé, el bebé trasciende para ser un niño, el niño crece y se convierte en adolescente, el adolescente madura para convertirse en adulto, y pasado el tiempo se ingresa a la vejez. En la medida en que pudiéramos entenderlo, asistiríamos gustosos a la graduación de trascender de nuestro ser querido.

Si pudiéramos comprender que no somos un cuerpo con espíritu, sino un espíritu con cuerpo temporal para transitar un ciclo en la vida terrenal, comprenderíamos las palabras de San Agustín, quien decía: "La muerte no es nada, yo sólo me he ido a la habitación de al lado", "El hilo no está cortado. ¿Por qué estaría yo fuera de tu mente, simplemente porque estoy fuera de tu vista?"

El hecho de que después de esa transformación que llamamos muerte no podamos ver ni escuchar a nuestros seres queridos no significa que hayan dejado de existir. La muerte no es ausencia, sólo es un cambio de presencia, es trascender a otra misión, a otro estado.

Debemos comprender que nadie puede tomar el lugar de nadie. Cada uno vino a vivir su propia vida, y tiene su tiempo limitado para vivirla. No debemos acortarla ni tratar de alargarla artificialmente. Cuando un ser amado parte, deja una silla vacía que nadie podrá llenar, y el que llegue, tendrá que traer su propia silla.

Gabriel García Márquez escribió: "Si supiera que ésta fuera la última vez que te vea salir por la puerta, te…", ¿tú qué quisieras hacer con él o ella, qué quisieras decirle, qué quisieras hacerle? Ahora quizá todavía puedas hacerlo, aprovéchalo.

El Principito decía: "Mi mente todavía te habla y mi corazón todavía te busca, pero mi alma sabe que estás en paz…" El alma se despide una vez que observa que sus familiares están más tranquilos. Por esto es importante recordar los buenos momentos y decirle: "Te puedes ir en paz, yo estaré bien en algún momento. Honraré tu vida viviendo la mía. Gracias, lo siento, perdóname, te amo".

Nadie muere solo, por lo general son acompañados por familiares que partieron antes y que vienen a acompañarlos en su trayecto, también guías espirituales se hacen presentes. Las personas que abandonan su cuerpo reciben y perciben nuestros pensamientos. Siempre podemos ayudarles con nuestras palabras tranquilizadoras para evitar su preocupación o apego a este plano.

La ciencia moderna aún no ha producido un medicamento tranquilizador más eficaz como lo es el abrazo, que debería ser recetado por los médicos, ya que hay un poder curativo en él que aún desconocemos. El abrazo nos da la paz en el alma y en el cuerpo. Cuando abrazamos dejamos de estar a la defensiva y permitimos que el otro se aproxime a nuestro corazón, los brazos se abren y los corazones se acurrucan de una forma única. Cuando no sepas qué decir para consolar, sólo abraza. Cuando el dolor por su ausencia te invada, abraza con amor ese buen recuerdo que queda en ti y agradécelo.

El proceso de duelo no es un proceso de olvido, sino de aprender a recordar sin dolor, y aunque tus ojos dejen de verlo, tu corazón nunca dejará de quererlo. Podrás identificar que el duelo se ha sanado cuando recuerdes a tu ser querido y ya no duela tanto.

Buda decía: "El origen del sufrimiento es el apego, que crea la ilusión del ego". El apego es cuando piensas que no puedes ser feliz y disfrutar la vida sin la otra persona. Amar sin apegos es poder disfrutar del amor sin angustia, sin el miedo permanente de perder a ese ser querido; es comprender que cada quien tiene su propio destino, y solamente podemos estar ahí para acompañarlo en su camino, aquí y ahora.

Deseo que los casos expuestos en este compendio te ayuden para aclarar tus dudas y tus miedos, te den el soporte que necesitas para transitar la enfermedad de tu ser querido y logres despedirlo con amor, puedas abrazarlo hasta el último aliento y quedarte con la satisfacción del deber cumplido.

En lo personal, ha sido un privilegio poder brindar acompañamiento y asesoría a las personas en los momentos más oscuros y dolorosos de su vida y ayudarlas a transmutar el dolor por amor, el apego por libertad, el cansancio por satisfacción, y validar que lo que han hecho, lo han hecho por intuición, pero siempre guiados por el amor.

Te agradezco que me hayas permitido acompañarte y caminar a tu lado en este trayecto; te recuerdo que no estás solo/a. No dudes en contactarme por correo para compartirme tus inquietudes y tu experiencia.

Miriam Israel
miriam.tanatologa@gmail.com

ANEXOS

Consideraciones al final de la vida

¿Lo sabe tu familia?

Éste es un archivo personal que preferentemente deberá ser llenado por el paciente, lo que le permitirá revisar sus pendientes con anticipación y atender los trámites inconclusos. También servirá para hacer del conocimiento de la familia directa cuáles son sus deseos para que, de ser posible, se lleven a cabo al momento del fallecimiento.

El solo hecho de conocer las respuestas que daría el paciente a las siguientes preguntas evitará angustia en la familia. Básicamente estas dudas son:

1) En caso de ser necesario, es su deseo o no ser ingresado al hospital y conectado a una máquina que le proporcione vida artificial.
2) Llegado el momento, es su deseo ser enterrado o cremado, y si ya cuenta con algún servicio contratado. En caso negativo, se sugiere realizar los trámites para su contratación lo antes posible.
3) Conocer su voluntad sobre la posible donación de órganos, dependiendo de la causa de muerte.

4) Identificar todas las cuentas bancarias existentes y tener a la mano las claves de las tarjetas de crédito y débito. La mayoría de las tarjetas cuenta con algunos beneficios, que incluyen seguro de vida, siempre y cuando el paciente sea el titular del contrato, lo que cancela en automático el adeudo del crédito.

5) Conocer si cuenta con alguna caja de seguridad, testamento notariado, escrituras inmobiliarias, facturas y papeles oficiales; tenerlos localizados.

6) Saber si cuenta con dinero o alguna cobertura especial para el pago de los últimos gastos hospitalarios y del entierro. Es importante contar con una pequeña cantidad en efectivo para estas necesidades de último momento.

7) Sugerencia para que el paciente entregue en vida sus posesiones y deje cartas escritas para su cónyuge, hijos, padres, nietos y amistades. Que escriba de vez en cuando unas notas para que, al faltar, siga estando presente en los momentos importantes (boda, nacimiento de hijos o nietos, compromisos, fechas trascendentes para ustedes).

8) Cuando falta el jefe de familia, muchas veces la esposa o los hijos necesitan del apoyo o consejo de un amigo de confianza. Se sugiere que éste manifieste su recomendación o sugerencia y escriba unas notas al amigo para expresar su deseo de apoyo a la familia en el momento del fallecimiento.

9) Se recomienda hacer una lista de las amistades a las que desea que se les avise después de su fallecimiento. Este punto también puede servir de apoyo para saber de quiénes quiere despedirse antes de partir.

Trámites y documentos necesarios para tener a la mano al momento del fallecimiento

Esta información y documentos se requieren en la Ciudad de México para realizar los trámites necesarios al momento del fallecimiento del paciente. Tenerlos a la mano ayudará a disminuir la ansiedad y evitará problemas en la familia al momento del desenlace. Si vives fuera de la Ciudad de México, o en otro país, por favor revisa con anticipación lo necesario para ustedes.

1) Tener a la mano original y copia de una identificación con fotografía vigente, comprobante de domicilio no mayor a tres meses, y copia del expediente del médico o institución tratante.

2) Identificar a un médico cercano al domicilio para que, al momento del fallecimiento, asista al domicilio a expedir el certificado de defunción.

3) Prevenir la contratación y tener los datos a la mano de la agencia funeraria, para que se encargue del proceso de recoger el cuerpo, la velación y cremación o entierro, así como de la obtención del acta de defunción. Se recomienda llamar anticipadamente para que ellos digan el procedimiento a seguir y estar preparados con los documentos que indiquen.

4) Decidir con anticipación si el cuerpo será incinerado o sepultado, de acuerdo con los deseos del paciente, y en dónde se llevará esto a cabo. Contratar el servicio con anticipación evitará mucha angustia al momento del fallecimiento.

5) Tener identificada a una persona cercana a la familia, dispuesta a apoyar y acompañar en la realización de los trámites funerarios necesarios.

6) Tener un listado de contactos primarios con sus respectivos teléfonos para avisarles al momento del fallecimiento, y así se formen cadenas de comunicación.

Voluntad anticipada

La medicina moderna ha incrementado la esperanza de vida para todos; sin embargo, los procedimientos médicos someten al enfermo terminal al uso de aparatos médicos que lo mantienen vivo de manera artificial, prolongando su agonía y sufrimiento. En atención a ello, se creó la Ley de Voluntad Anticipada, que permite a enfermos terminales decidir si continuar o no con tratamientos que prolonguen su agonía.

La voluntad anticipada puede ser entendida como "la decisión que toma una persona para ser sometida o no a procedimientos médicos que pretendan prolongar su vida cuando se encuentre en etapa terminal y, por razones médicas, sea imposible mantenerla de forma natural, protegiendo en todo momento la dignidad de la persona" (art. 1 de la Ley de Voluntad Anticipada para el Distrito Federal).

Es el derecho de una persona para anticiparse y planificar el tratamiento y cuidados que desea recibir o rechazar al final de la vida. Es importante tener claro cuál es la voluntad del paciente, si quiere o no ser intubado o conectado a una máquina para recibir vida asistida cuando así se requiera. Se deberá respetar su voluntad y manifestarla a los doctores tratantes; en caso contrario, los médicos realizarán todas las medidas necesarias para mantener sus órganos vitales funcionando, a pesar de que ya no tenga calidad de vida.

Es importante entender que la voluntad anticipada no prolonga ni acorta la vida, sino que respeta el momento natural de la muerte y favorece la atención y los cuidados paliativos al final de la vida, es decir, ofrece acompañamiento al paciente sin intervención médica extraordinaria durante esta última etapa. Es evitar el encarnizamiento terapéutico con medidas extraordinarias.

Para poder ejercer la voluntad anticipada existen dos modalidades legales:

- *El documento*, el cual se tramita con anticipación ante notario público y tiene un costo.
- *El formato*, que se otorga en las instituciones de salud públicas, no tiene costo y debe ser solicitado al departamento de Trabajo Social.
- Te comento la tercera modalidad *extraoficial*. Si ya sabes que tu familiar no quiere ser intubado ni conectado a una máquina, cuando identificas que los signos y síntomas están fuera de control, lo mejor que puedes hacer es no llevarlo a un hospital. Cuando puedes prever que el final está cerca, es preferible que el paciente permanezca en su domicilio, rodeado de sus seres queridos y no aislado en un hospital.

Derechos del enfermo terminal según la OMS

- Estar libre de dolor.
- No ser engañado.
- Ser tomado en cuenta para su tratamiento.
- Ser tratado como persona hasta el momento de su muerte.
- Mantener una esperanza, cualquiera que ésta sea.
- Obtener una respuesta honesta, cualquiera que sea su pregunta.
- Obtener la atención de médicos y enfermeras, incluso si los objetivos de curación deben ser cambiados por objetivos de confort.
- Expresar, a su manera, sus sentimientos y sus emociones, en lo que respecta al acercamiento de su muerte.
- Recibir ayuda de su familia y para su familia en la aceptación de su muerte.
- Conservar su individualidad y no ser juzgado por sus decisiones, que pueden ser contrarias a las creencias de otros.
- Ser cuidado por personas sensibles y competentes que van a intentar comprender sus necesidades, ayudándole a enfrentar la muerte.

- No morir solo.
- Morir en paz y con dignidad.
- Que su cuerpo sea respetado después de su muerte.

Derechos del niño con enfermedad terminal según la OMS

- Tengo derecho a ser visto y concebido como sujeto y no propiedad de mis padres, de los médicos o de la sociedad.
- Tengo derecho a que se tome en cuenta mi opinión a la hora de tomar decisiones, ya que soy yo quien está enfermo.
- Tengo derecho a llorar.
- Tengo derecho a no estar solo.
- Tengo derecho a fabricar fantasías.
- Tengo derecho a jugar, porque aun muriéndome, sigo siendo niño, o a comportarme como un adolescente.
- Tengo derecho a que se me controle el dolor desde mi primer día de vida.
- Tengo derecho a la verdad de mi condición. Que se me responda con honradez y veracidad a mis preguntas.
- Tengo derecho a que se contemplen mis necesidades en forma integral.
- Tengo derecho a una muerte digna, rodeado de mis seres queridos y de mis objetos más amados.

- Tengo derecho a morirme en mi casa y no en un hospital, si así lo deseo.
- Tengo derecho a sentir y expresar mis miedos.
- Tengo derecho a que se me ayude a elaborar mi muerte.
- Tengo derecho a sentir ira, cólera y frustración por mi enfermedad.
- Tengo derecho a negarme a seguir recibiendo tratamiento cuando no exista cura para mi enfermedad, pero sí calidad de vida.
- Tengo derecho a los cuidados paliativos, si así lo deseo.
- Tengo derecho a ser sedado a la hora de enfrentar mi muerte, si así lo deseo.
- Tengo derecho a no tener dolor a la hora en que se efectúen procedimientos de diagnóstico y de tratamiento de mi enfermedad.
- Tengo derecho a que mis padres comprendan que, aunque los amo mucho, voy a nacer a una nueva vida.

Legislación mexicana de cuidados paliativos

En 1990 en Ginebra, Suiza, la Organización Mundial de la Salud reconoció los cuidados paliativos como: "El método de atención a personas con enfermedad terminal y los derechos del enfermo terminal".

En México, el 5 de enero de 2009 se publicó en el *Diario Oficial de la Federación* la reforma al artículo 184 de la Ley General de Salud, incluyendo la Ley en Materia de Cuidados Paliativos.* Me permito transcribir los artículos que considero pueden ser específicamente de tu interés.

TÍTULO OCTAVO BIS. De los Cuidados Paliativos a los Enfermos en Situación Terminal

---

* Puede consultarse la legislación completa en Cámara de Diputados del H. Congreso de la Unión, Ley General de Salud, México, 7 de febrero de 1984, disponible en https://www.gob.mx/cms/uploads/attachment/file/416013/Ley_General_de_Salud.pdf, y las reformas mencionadas en materia de cuidados paliativos en *Diario Oficial de la Federación*, Decreto por el que se reforma y adiciona la Ley General de Salud en Materia de Cuidados Paliativos, México, 5 de enero de 2009, disponible en https://dof.gob.mx/nota_detalle.php?codigo=5076793&fecha=05/01/2009#gsc.tab=0.

CAPÍTULO I. Disposiciones Comunes Artículo 166 Bis. El presente título tiene por objeto:

I. Salvaguardar la dignidad de los enfermos en situación terminal, para garantizar una vida de calidad a través de los cuidados y atenciones médicas, necesarios para ello;
II. Garantizar una muerte natural en condiciones dignas a los enfermos en situación terminal;
III. Establecer y garantizar los derechos del enfermo en situación terminal en relación con su tratamiento;
IV. Dar a conocer los límites entre el tratamiento curativo y el paliativo;
V. Determinar los medios ordinarios y extraordinarios en los tratamientos; y
VI. Establecer los límites entre la defensa de la vida del enfermo en situación terminal y la obstinación terapéutica.

Artículo 166 Bis 3. Los pacientes enfermos en situación terminal tienen los siguientes derechos:

I. Recibir atención médica integral;
II. Ingresar a las instituciones de salud cuando requiera atención médica;
III. Dejar voluntariamente la institución de salud en que esté hospitalizado, de conformidad a las disposiciones aplicables;
IV. Recibir un trato digno, respetuoso y profesional procurando preservar su calidad de vida;

V. Recibir información clara, oportuna y suficiente sobre las condiciones y efectos de su enfermedad y los tipos de tratamientos por los cuales puede optar según la enfermedad que padezca;

VI. Dar su consentimiento informado por escrito para la aplicación o no de tratamientos, medicamentos y cuidados paliativos adecuados a su enfermedad, necesidades y calidad de vida;

VII. Solicitar al médico que le administre medicamentos que mitiguen el dolor;

VIII. Renunciar, abandonar o negarse en cualquier momento a recibir o continuar el tratamiento que considere extraordinario;

IX. Optar por recibir los cuidados paliativos en un domicilio particular;

X. Designar a algún familiar, representante legal o a una persona de su confianza, para el caso de que, con el avance de la enfermedad, esté impedido a expresar su voluntad, lo haga en su representación;

XI. A recibir los servicios espirituales, cuando lo solicite él, su familia, representante legal o persona de su confianza; y

XII. Los demás que las leyes señalen.

Artículo 166 Bis 1. Para los efectos de este Título, se entenderá por:

I. **Enfermedad en estado terminal.** A todo padecimiento reconocido, irreversible, progresivo e incurable que se encuentra en estado avanzado y cuyo pronóstico de vida para el paciente sea menor a seis meses;

II. **Cuidados básicos**. La higiene, alimentación e hidratación, y en su caso el manejo de la vía aérea permeable;

III. **Cuidados paliativos**. Es el cuidado activo y total de aquellas enfermedades que no responden a tratamiento curativo. El control del dolor, y de otros síntomas, así como la atención de aspectos psicológicos, sociales y espirituales;

IV. **Enfermo en situación terminal**. Es la persona que tiene una enfermedad incurable e irreversible y que tiene un pronóstico de vida inferior a seis meses;

V. **Obstinación terapéutica**. La adopción de medidas desproporcionadas o inútiles con el objeto de alargar la vida en situación de agonía;

VI. **Medios extraordinarios**. Los que constituyen una carga demasiado grave para el enfermo y cuyo perjuicio es mayor que los beneficios; en cuyo caso, se podrán valorar estos medios en comparación al tipo de terapia, el grado de dificultad y de riesgo que comporta, los gastos necesarios y las posibilidades de aplicación respecto del resultado que se puede esperar de todo ello;

VII. **Medios ordinarios**. Los que son útiles para conservar la vida del enfermo en situación terminal o para curarlo y que no constituyen, para él, una carga grave o desproporcionada a los beneficios que se pueden obtener;

VIII. **Muerte natural**. El proceso de fallecimiento natural de un enfermo en situación terminal, contando con asistencia física, psicológica y en su caso, espiritual; y

IX. **Tratamiento del dolor**. Todas aquellas medidas proporcionadas por profesionales de la salud, orientadas a reducir los sufrimientos físico y emocional producto de una enfermedad terminal, destinadas a mejorar la calidad de vida.

Artículo 166 Bis 5. El paciente en situación terminal, mayor de edad y en pleno uso de sus facultades mentales, tiene derecho a la suspensión voluntaria del tratamiento curativo y como consecuencia al inicio de tratamiento estrictamente paliativo en la forma y términos previstos en esta Ley.

Artículo 166 Bis 7. El paciente en situación terminal que esté recibiendo los cuidados paliativos, podrá solicitar recibir nuevamente el tratamiento curativo, ratificando su decisión por escrito ante el personal médico correspondiente.

Artículo 166 Bis 21. Queda prohibida la práctica de la eutanasia, entendida como homicidio por piedad, así como el suicidio asistido conforme lo señala el Código Penal Federal, bajo el amparo de esta ley. En tal caso se estará a lo que señalan las disposiciones penales aplicables.

El 1º de noviembre de 2013 se publicó en el *Diario Oficial de la Federación* la modificación a la Ley General de Salud, artículo 138 bis, que me permito transcribir a continuación:

CAPÍTULO VIII BIS
Disposiciones para la Prestación de Servicios de Cuidados Paliativos

ARTÍCULO 138 Bis. El presente Capítulo tiene por objeto establecer los procedimientos generales para la prestación de cuidados paliativos adecuados a los usuarios de cualquier edad que cursan una enfermedad en estado terminal.

ARTÍCULO 138 Bis 1. Los objetivos de los cuidados paliativos son:

I. Proporcionar bienestar y una calidad de vida digna hasta el momento de su muerte;

II. Prevenir posibles acciones y conductas que tengan como consecuencia el abandono u obstinación terapéutica, así como la aplicación de medios extraordinarios, respetando en todo momento la dignidad de la persona;

III. Proporcionar alivio del dolor y otros síntomas severos asociados a las enfermedades en estado terminal;

IV. Establecer los protocolos de tratamiento que se proporcionen a los enfermos en situación terminal a través de cuidados paliativos, a fin de que no se interfiera con el proceso natural de la muerte;

V. Proporcionar al enfermo en situación terminal los apoyos físicos, psicológicos, sociales y espirituales que se requieran, a fin de brindarle la mejor calidad de vida posible, y

VI. Dar apoyo a la familia o a la persona de su confianza para ayudarla a sobrellevar la enfermedad del paciente y, en su caso, el duelo.

ARTÍCULO 138 Bis 2. Para los efectos de este Capítulo, además de las definiciones previstas en el artículo 166 Bis 1 de la Ley, se entiende por:

I. **DIRECTRICES ANTICIPADAS**: El documento a que se refiere el artículo 166 Bis 4 de la Ley;

II. **DOLOR**: Es la experiencia sensorial de sufrimiento físico y emocional, de intensidad variable, que puede presentarse acompañada de daño real o potencial de tejido del paciente;

III. **EQUIPO MULTIDISCIPLINARIO**: Personal profesional, técnico y auxiliar de diversas disciplinas del área de la salud, que intervienen en la atención médica integral del enfermo en situación terminal;

IV. **MÉDICO TRATANTE**: El profesional de la salud responsable de la atención y seguimiento del plan de cuidados paliativos;

V. **TRATAMIENTO CURATIVO**: Todas las medidas sustentadas en la evidencia científica y principios éticos encaminadas a ofrecer posibilidades de curación de una enfermedad, y

VI. **PLAN DE CUIDADOS PALIATIVOS**: El conjunto de acciones indicadas, programadas y organizadas por el médico tratante, complementadas y supervisadas por el equipo multidisciplinario, las cuales deben proporcionarse en función del padecimiento específico del enfermo, otorgando de manera completa y permanente la posibilidad del control de los síntomas asociados a su padecimiento. Puede incluir la participación de familiares y personal voluntario.

ARTÍCULO 138 Bis 3. La Secretaría emitirá la norma oficial mexicana que prevea, entre otros aspectos, los criterios para la atención de enfermos en situación terminal

a través de cuidados paliativos que deben cumplir las instituciones y establecimientos de atención médica del Sistema Nacional de Salud que proporcionen estos servicios.
ARTÍCULO 138 Bis 4. La Secretaría proporcionará la asesoría y apoyo técnico que se requiera en las instituciones y establecimientos de atención médica, de los sectores público, social y privado para la prestación de los servicios de cuidados paliativos.
ARTÍCULO 138 Bis 5. Los prestadores de servicios de atención médica de los sectores público, social y privado que proporcionen cuidados paliativos, deberán brindar gratuitamente dentro del establecimiento, información, orientación y motivación sobre los cuidados paliativos, de acuerdo con la normativa aplicable.

SECCIÓN PRIMERA
De los Derechos de los Enfermos en Situación Terminal

ARTÍCULO 138 Bis 6. El paciente tiene derecho a que se le informe de manera oportuna, comprensible y suficiente acerca de que el tratamiento curativo ya no está ofreciendo resultados positivos tanto para su pronóstico como para su calidad de vida, informándole y, en caso de que éste así lo autorice, al tutor, representante legal, a la familia o persona de su confianza, el diagnóstico de una enfermedad en estado terminal, así como las opciones de cuidados paliativos disponibles. En caso de dudas, el paciente puede solicitar información adicional y explicaciones, mismas que deberán serle proporcionadas en la forma antes descrita. Asimismo, puede solicitar una segunda opinión.

ARTÍCULO 138 Bis 7. Además de los derechos que establece el artículo 166 Bis 3 de la Ley, los pacientes enfermos en situación terminal tienen los siguientes:

I. Recibir atención ambulatoria y hospitalaria;
II. A que se le proporcionen servicios de orientación y asesoramiento a él, a su familia o persona de su confianza, así como seguimiento respecto de su estado de salud;
III. A que se respete su voluntad expresada en el documento de directrices anticipadas, y
IV. Los demás que señalen las disposiciones aplicables.

ARTÍCULO 138 Bis 8. Las directrices anticipadas podrán ser revocadas en cualquier momento únicamente por la persona que las suscribió.

Cuando por el avance de la medicina surgieran tratamientos curativos nuevos o en fase de experimentación que pudieran aplicarse al enfermo en situación terminal, se le informará de ese hecho, a efecto de que pueda ratificar por escrito su voluntad de no recibir cuidados paliativos o de revocarla por escrito para someterse a dichos tratamientos.

Si el estado de salud del enfermo en situación terminal le impide estar consciente o en pleno uso de sus facultades mentales, la decisión a que se refiere el párrafo anterior podrá tomarla su familiar, tutor, representante legal o persona de su confianza.

ARTÍCULO 138 Bis 9. Sin menoscabo de lo previsto en el artículo 166 Bis 8 de la Ley, a los menores de edad se les proporcionará la información completa y veraz que por su edad, madurez y circunstancias especiales, requieran acerca de su enfermedad en situación terminal y los cuidados paliativos correspondientes.

ARTÍCULO 138 Bis 10. A partir de que se diagnostique con certeza la situación terminal de la enfermedad por el médico tratante, se proporcionarán los cuidados paliativos, con base en el plan de cuidados paliativos establecido por dicho médico. No se podrá proporcionar estos cuidados si no se cuenta con dicho plan.

ARTÍCULO 138 Bis 11. La prestación de servicios de atención ambulatoria en materia de cuidados paliativos se ajustará, en lo general, a lo dispuesto por el Capítulo III de este Reglamento, así como en lo previsto en el presente Capítulo.

SECCIÓN SEGUNDA
De las Facultades y Obligaciones de las Instituciones de Salud

ARTÍCULO 138 Bis 12. Las instituciones del Sistema Nacional de Salud promoverán que la capacitación y actualización de los profesionales, técnicos y auxiliares de la salud en materia de cuidados paliativos se realice por lo menos una vez al año.

Para efectos de fomentar la creación de áreas especializadas que dispone la Ley en la fracción V del artículo 166 Bis 13, las instituciones del Sistema Nacional de Salud, de acuerdo con el grado de complejidad, capacidad resolutiva, disponibilidad de recursos financieros, organización y funcionamiento, contarán con la infraestructura, personal idóneo y recursos materiales y tecnológicos adecuados para la atención médica de cuidados paliativos, de conformidad con la norma oficial mexicana que para este efecto emita la Secretaría.

Las instituciones y establecimientos de atención médica que proporcionen cuidados paliativos deberán contar con el abasto suficiente de fármacos e insumos para el manejo del dolor del enfermo en situación terminal.

ARTÍCULO 138 Bis 13. Los médicos tratantes en cuidados paliativos en las instituciones y establecimientos de segundo y tercer nivel y equivalentes del sector social y privado, tendrán las siguientes obligaciones:

I. Proporcionar información al enfermo en situación terminal, sobre los resultados esperados y posibles consecuencias de la enfermedad o el tratamiento, respetando en todo momento su dignidad;

II. Prescribir el plan de cuidados paliativos, atendiendo a las características y necesidades específicas de cada enfermo en situación terminal;

III. Cumplir con las directrices anticipadas;

IV. Conducirse de conformidad con lo señalado en la Ley, el presente Reglamento y demás disposiciones aplicables;

V. Participar en la elaboración y aplicación de planes y protocolos de tratamiento de cuidados paliativos, así como en la evaluación de la eficacia de los mismos;

VI. Brindar apoyo psicológico a los familiares o la persona de su confianza para afrontar la enfermedad del paciente y, en su caso, sobrellevar el duelo;

VII. Capacitar, auxiliar y supervisar al paciente para fomentar el autocuidado de su salud, así como a su familia o responsable de su cuidado, preservando la dignidad de la persona enferma y favoreciendo su autoestima y autonomía;

VIII. Prescribir los fármacos que requiera la condición del enfermo en situación terminal sujeto al plan y protocolo de tratamiento de cuidados paliativos, y

IX. Las demás que señalen las disposiciones aplicables.

ARTÍCULO 138 Bis 14. Es responsabilidad del médico tratante y del equipo multidisciplinario identificar, valorar y atender en forma oportuna, el dolor y síntomas asociados que el usuario refiera, sin importar las distintas localizaciones o grados de intensidad de los mismos, indicar el tratamiento adecuado a cada síntoma según las mejores evidencias médicas, con apego a los principios científicos y éticos que orientan la práctica médica, sin incurrir en ningún momento en acciones o conductas consideradas como obstinación terapéutica ni que tengan como finalidad terminar con la vida del paciente.

ARTÍCULO 138 Bis 15. El plan de cuidados paliativos deberá considerar aquellas acciones que se deban llevar a cabo en el domicilio del enfermo en situación terminal, por parte de los familiares, cuidadores o personal voluntario, tomando en cuenta los siguientes criterios:

I. Deberán ser indicados por el médico tratante, de acuerdo con las características específicas y condición del usuario. Este hecho deberá ser registrado en el expediente clínico del enfermo en situación terminal;

II. Se deberá involucrar al equipo multidisciplinario de la institución o establecimiento de atención médica que proporciona los cuidados paliativos;

III. El equipo multidisciplinario brindará la capacitación que corresponda en los distintos ámbitos de competencia profesional, a los familiares, cuidadores o personal voluntario, que tendrá a su cargo la atención y cuidados básicos domiciliarios del enfermo en situación terminal;

IV. El equipo multidisciplinario supervisará el cumplimiento de las acciones y cuidados básicos domiciliarios indicados por el médico tratante, dentro del plan de cuidados paliativos. Los hallazgos deberán ser reportados al médico tratante y registrados en el expediente clínico del enfermo en situación terminal, y

V. Los demás que determinen las disposiciones aplicables.

ARTÍCULO 138 Bis 16. Para el caso de que los cuidados paliativos se lleven a cabo en el domicilio del enfermo en situación terminal y se requiera asistencia telefónica, la Secretaría deberá:

I. Ser expedita, atenta, respetuosa y suficiente para satisfacer las necesidades de información de la persona que llama;

II. Documentar y anexar el reporte de la llamada al expediente clínico del enfermo en situación terminal, y

III. Satisfacer los demás requisitos que al efecto se establezcan.

ARTÍCULO 138 Bis 17. Todo aquel establecimiento que preste servicios de cuidados paliativos a enfermos en situación terminal deberá contar con los recursos físicos, humanos y materiales necesarios para la protección, seguridad y atención con calidad de los usuarios, de conformidad con las normas oficiales mexicanas que emita la Secretaría.

ARTÍCULO 138 Bis 18. Para efectos de obtener la autorización a que se refieren los artículos 80 y 81 del presente Reglamento, y demás disposiciones jurídicas aplicables, se le deberá explicar al usuario el motivo por el cual se da fin al tratamiento curativo y se sugiere la aplicación de los cuidados paliativos.

ARTÍCULO 138 Bis 19. El equipo multidisciplinario estará integrado, al menos, por:

I. Médico tratante;
II. Enfermera;
III. Fisioterapeuta;
IV. Trabajador Social o su equivalente;
V. Psicólogo;
VI. Algólogo o Anestesiólogo;
VII. Nutriólogo, y
VIII. Los demás profesionales, técnicos y auxiliares que requiera cada caso en particular.

ARTÍCULO 138 Bis 20. La información personal que se proporcione al médico tratante o al equipo multidisciplinario en cuidados paliativos por el enfermo en situación terminal, será utilizada con confidencialidad y empleada únicamente con fines científicos o terapéuticos en los tér-

minos que disponga la norma oficial mexicana que al efecto expida la Secretaría y demás disposiciones aplicables.
ARTÍCULO 138 Bis 21. Los comités de bioética de las instituciones de salud, tratándose de cuidados paliativos, deberán:

    I. Avalar el plan de cuidados paliativos, a solicitud del médico tratante, en aquellos casos que sean difíciles o complicados por la naturaleza de la enfermedad en situación terminal o las circunstancias en que ésta se desarrolle, cuidando que durante el análisis del plan se proporcionen los medicamentos necesarios para mitigar el dolor, salvo que éstos pongan en riesgo su vida;

    II. Proponer políticas y protocolos para el buen funcionamiento del equipo tratante multidisciplinario en cuidados paliativos, y

    III. Lo que establezcan las demás disposiciones jurídicas aplicables.

Agradecimientos

A Manny, quien a través de su vida y su muerte me permitió descubrir e incursionar en el mundo de los cuidados paliativos, lo que cambió mi vida y me hizo descubrir mi misión y ahora poder trabajar en ello.

A todos y cada uno de mis queridos maestros de vida, quienes me han guiado e impulsado para crecer y despertar. Quiero mencionar a los más importantes, sin que por ello quite valor a los demás.

Al doctor Alfonso Ruiz Soto, quien, a través de su curso de semiología, Conocimiento de sí Mismo, despertó en mí el interés para profundizar en el despertar de conciencia.

A los maestros Isaac Shapiro y Abraham Askenazi, que han sido mis guías en el camino del conocimiento y entendimiento de la cábala, quienes me han ayudado a identificar y aceptar mi judaísmo, y a adentrarme en la comprensión de la reencarnación, que hoy es parte de mi vida y el pilar del trabajo que desempeño.

Al maestro José González Rodrigo, quien de manera sutil me mostró un mundo diferente, incluyendo el de las constelaciones familiares, herramienta muy valiosa que utilizo en mi trabajo.

A la doctora Marcela Zepeda Zabaleta, y los maestros Rubén Hernández y Armando Navarro, quienes me compartieron su sabiduría y me llevaron a conocer un mundo nuevo de sanación y filosofía de vida que yo intuía, pero desconocía.

A Sabas Huasca, quien creyó en mi proyecto desde hace tiempo y me apoyó en la corrección de estilo de este libro.

A mi amada hija Brenda y a mi querida amiga y compañera de aventuras Marcela Ruiz, quienes me acompañaron y con su ojo crítico ayudaron a purificar mucho de lo escrito.

A mis padres José y Sarita Israel, a quienes honro y agradezco la vida.

A todas y cada una de las personas que me han concedido el honor y privilegio de acompañar en los momentos más sensibles de su existencia, lo cual ahora me permite compartir su experiencia para el beneficio de otras personas.

Al Creador de este mundo maravilloso, gracias por la Luz y la Guía para poder ser un canal en beneficio de quien lo necesita.

GRACIAS, GRACIAS, GRACIAS

Abrazar hasta el último aliento de Miriam Israel
se terminó de imprimir en febrero de 2023
en los talleres de
Impresora Tauro, S.A. de C.V.
Av. Año de Juárez 343, col. Granjas San Antonio,
Ciudad de México